LA VENUE DE LA VÉRITÉ

BIBLIOTHEQUE D'HISTOIRE DE LA PHILOSOPHIE
Fondateur Henri GOUHIER   Directeur Emmanuel CATTIN

Emmanuel CATTIN

LA VENUE DE LA VÉRITÉ

Phénoménologie de l'esprit selon Jean

PARIS
LIBRAIRIE PHILOSOPHIQUE J. VRIN
6 place de la Sorbonne, V e
2021

© *Librairie Philosophique J. VRIN*, 2021
Imprimé en France
ISSN 1968-1178
ISBN 978-2-7116-3018-9
www.vrin.fr

CHAPITRE PREMIER

TÉMOIN

Que survienne, sous les yeux de la philosophie ou à côté d'elle, dans la langue natale de celle-ci, la dimension évangélique du témoin et de son témoignage, voilà qui pourrait bien, quoi qu'il advienne par la suite, concerner essentiellement, d'une façon essentiellement troublante, la philosophie, si et là où elle-même a pour centre l'ἀλήθεια. Qu'est-ce qui apparaît, en cette langue grecque johannique, de la vérité, de l'ἀλήθεια et de ses témoins, avec leur témoignage, μαρτυρία ?

Les concernant il faudra avant tout recueillir quelques traits.

Le premier se découvrira à la fin du livre de l'évangile, lorsque le ΚΑΤΑ ΙΩΑΝΝΗΝ donnera lui-même le sens, l'orientation du regard qui a vu, de l'oreille qui a entendu et de l'écriture en laquelle Jean montre ce qu'il a vu et entendu, et par conséquent le sens du κατά qui dans la tradition donne son titre au livre : κατά, « selon », ouvrait le regard du témoin, ou de celui que le livre et son écriture établissaient en cette figure (mais à vrai dire, dès qu'il a vu, il était déjà le témoin, en raison de ce qu'il a vu, qui appelait et établissait déjà le témoin : or, s'il l'appelait et l'établissait, c'est qu'il l'était déjà lui-même : dans Jean, c'est le témoignage qui appelle à chaque fois le témoignage, le témoin qui appelle le témoin), et écrire n'aura rien voulu dire d'autre que témoigner : Οὗτός ἐστιν ὁ μαθητὴς ὁ μαρτυρῶν περὶ τούτων καὶ ὁ γράψας ταῦτα, καὶ οἴδαμεν ὅτι ἀληθὴς αὐτοῦ ἡ μαρτυρία ἐστίν. « C'est ce disciple qui rend témoignage au sujet de ces choses et qui les a écrites, et nous savons que son témoignage est vrai » (21, 24). Une telle fin cependant est énigmatique par plusieurs aspects. Qui est le « nous » qui apparaît ici, et, pour savoir, un tel « nous » n'a-t-il pas dû lui-même « voir » ? Qui est le « nous » qui ici *témoigne pour le témoin* ?[1] Mais « nous » a-t-il bien lui-même vu, ou a-t-il plutôt recueilli d'autres témoignages ? Témoigner pour le témoin ne paraît en effet possible que pour autant que le témoin pour le témoin a vu et entendu ce que le témoin lui-même a vu et entendu, lorsque par conséquent il est lui-même un second témoin, ou bien a reçu d'autres, au

---

1. Dans un texte important, Jean-Louis Chrétien (« Neuf propositions sur le concept chrétien de témoignage », *Philosophie*, n° 88, hiver 2005, p. 75-94 ; repris dans : *Sous le regard de la Bible*, Paris, Bayard, 2008) avait déjà évoqué la figure absente qui referme le poème de Paul Celan : *Niemand / zeugt für den / Zeugen* (*Atemwende*, 1967, *Die Gedichte*, Kommentierte Gesamtausgabe, hrsgg. und komm. v. Barbara Weidmann, Frankfurt, Suhrkamp, 5. Auflage 2014, p. 198). Comme il apparaîtra, tout l'évangile de Jean est tourné vers un tel « témoin pour le témoin ». – Il appartient d'une façon essentielle à notre propos de rendre à chaque fois présent le texte grec de l'évangile de Jean. Nous suivons alors Nestle-Aland : *Novum Testamentum Graece*, 28. redivierte Auflage, hrsg. vom Institut für Neutestamentliche Textforschung Münster-Westfalen unter der Leitung von Holger Strutwolf, Stuttgart, Deutsche Bibelgesellschaft, 2012. Nous retraduisons, non sans nous inspirer des traductions existantes, particulièrement de celle, déjà ancienne mais qui demeure l'une des plus belles, de la *Bible de Jérusalem*.

moins un autre témoignage accordé à celui du témoin. Pourtant, il y aura peut-être une troisième possibilité, qui pourrait nous conduire très loin déjà, sans que nous y voyions clair encore, dans l'essence de l'ἀλήθεια. Il est possible que ce que le témoin a vu et écrit soit en effet désormais, pour « nous » et par lui, sur un mode ou sur un autre, devenu manifeste, autrement dit que tout un chacun parmi « nous » en soit désormais, en un sens, le témoin, ou appelé à le devenir. Alors il n'y a plus que des témoins, chacun peut être le témoin[1]. À regarder de plus près, le « nous » de la fin de l'évangile johannique est sans doute celui qui a déjà au verset précédent reçu le nom de « frères », ἀδελφοί, auxquels est parvenu ὁ λόγος, cette parole singulière qui, précise et, en vérité, rectifie l'évangéliste, ne fut jamais celle du Christ, selon laquelle « ce disciple ne mourrait pas » (ὅτι ὁ μαθητὴς ἐκεῖνος οὐκ ἀποθνῄσκει, 21, 23). Le « nous » posera ainsi l'appartenance du témoin à la communauté qui témoigne pour lui, celle par conséquent des ἀδελφοί avec lesquels il forme le « nous » d'une unique conscience, qui a elle-même pour centre l'ἀλήθεια

---

1. Le témoignage pour la vérité fut le centre de la méditation et du combat ultimes de Kierkegaard, en 1854-1855 : « Pour l'être », avait écrit Kierkegaard au sujet du « témoin de la vérité », « il est absolument requis de souffrir pour la doctrine » (*Vingt et un articles de Faedrelandet*, trad. fr. E.-M. Jacquet-Tisseau, *Œuvres complètes*, t. 19, Paris, Éditions de l'Orante, 1982, p. 6 ; *Søren Kierkegaards Skrifter*, Bladartikler 1854-1855, *Faedrelandet*, 18 december 1854, *Var Biskop Mynster et « Sandhedsvidne », et af « de rette Sandhedsvidner »* – er dette Sandhed? udgivet af N. J. Cappelørn, J. Garff, J. Kondrup, T. A. Olesen og S. Tullberg, SK Forskningscenteret, 2010, http://sks.dk/bms/txt. xml, 14, 124).

recueillie dans le témoignage du disciple aimé. Selon une telle conscience une, il faut dire que chacun, dans ce « nous », est devenu le témoin, autrement dit que, d'une façon ou d'une autre, ce dont le disciple, le μαθητής, a témoigné, est pour « nous » devenu manifeste : « nous le savons », « nous savons que son témoignage est vrai ». Pour comprendre cet étrange οἴδαμεν, il faudra aller plus loin dans l'essence du témoignage et de l'ἀλήθεια selon Jean. Mais, d'emblée, la communauté du « nous » est la communauté du témoignage, par conséquent la communauté de l'ἀλήθεια. Celui qui a appris n'a pas seulement lui-même vu et entendu, il a montré, il a écrit, et « nous » aura désormais pour centre son témoignage, puisqu'il n'est apparu qu'avec lui, ne commençant qu'avec un tel témoignage, se constituant entièrement autour de lui [1].

Mais la possibilité du « nous » et l'événement du témoignage rendu au Christ furent d'abord, dans l'évangile johannique, annoncés par Jésus lui-même, lorsqu'il a donné la nouvelle, ou plutôt la promesse, de la venue future d'un envoyé, d'un énigmatique « défenseur », ὁ παράκλητος, qui reçoit aussi le nom, lui-même difficile à comprendre, de πνεῦμα τῆς ἀληθείας [2]. Le « défenseur » sera « un autre défenseur » (ἄλλον παράκλητον, 14, 16), comme, par conséquent,

---

1. Sur la communauté johannique, on lira, dans les *Ergänzende Auslegungen und Exkurse* du grand commentaire de Rudolf Schnackenburg, l'*Exkurs* intitulé : « Die Johanneische Gemeinde und ihre Geisterfahrung », (*Das Johannesevangelium*, Herders theologischer Kommentar zum Neuen Testament, IV. Teil, Freiburg-Basel-Wien, Herder, 1984, p. 33-58).

2. 15, 26-27.

le Christ lui-même fut déjà le défenseur, et il sera lui aussi le défenseur contre le monde, car à nouveau le monde « ne le voit ni ne le connaît » (οὐ θεωρεῖ αὐτὸ οὐδὲ γινώσκει, 14, 17). Or un tel défenseur sera lui-même un témoin : « celui-là me rendra témoignage », ἐκεῖνος μαρτυρήσει περὶ ἐμοῦ (15, 26). Mais avec la venue du défenseur « vous aussi témoignerez », καὶ ὑμεῖς δὲ μαρτυρεῖτε, « parce que vous êtes avec moi depuis le commencement », ὅτι ἀπ᾽ ἀρχῆς μετ᾽ ἐμοῦ ἐστε (15, 27). Autrement dit : « vous » serez les témoins, et par conséquent « vous » serez aussi, par lui qui sera « en vous », les défenseurs, « vous » serez les défenseurs de celui qui d'abord fut pour « vous » le défenseur, contre le monde. Le défenseur appelle ceux qui sont avec lui à devenir, lui parti, ses défenseurs, non pas seuls, mais avec un autre envoyé, « un autre défenseur », qui « demeure près de vous et sera [1] en vous », παρ᾽ ὑμῖν μένει καὶ ἐν ὑμῖν ἔσται (14, 17). « Vous » n'est pas d'abord le même que « nous » : la communauté qui est appelée ὑμεῖς était celle des hommes qui se tenaient avec le Christ depuis le commencement, celle du ἡμεῖς, à la fin, est celle qui se rassemble autour du μαθητής et de son témoignage. Autrement dit : « nous » provient pourtant de ce « vous » auquel le Christ s'est adressé, l'archicommunauté, la communauté ἀπ᾽ ἀρχῆς, dont toute la question est celle de la façon dont elle « demeure »

1. Ou bien au présent selon d'autres manuscrits (R. Schnackenburg, *Das Johannesevangelium*, III. Teil, Freiburg-Basel-Wien, Herder, 1975, p. 86, n. 90). Le trait de cet autre défenseur est bien qu'il « demeure », comme le disciple à la fin, et plus précisément avec lui, avec le témoin. Il demeure dans le témoin, en tant que témoin.

ou « demeurera » : elle ne « reste » et ne « restera » que pour autant qu'elle saura « garder », prendre soin ou observer, τηρεῖν, exactement « avoir et garder les commandements » du Christ, ce qui a le même sens qu'« aimer » le Christ, ἀγαπᾶν [1]. Chacun en elle reçoit ou « prend » (λάμβανει) le défenseur (et par là il se sépare du monde), mais est aussi appelé à devenir le défenseur (et par là à se tourner contre le monde). La communauté de l'ἀλήθεια est la communauté des défenseurs contre le monde. Le « vous » et le « nous » ont pour centre le témoignage, ils sont la communauté des témoins : témoins pour le témoin, authentifiant son témoignage (« nous » savons qu'il est vrai : le savoir à chaque fois est le témoignage pour le témoignage, l'authentification du témoignage), ou l'archicommunauté des témoins qui ont vu et entendu celui qui s'est adressé à eux, le premier défenseur contre le monde (« vous ») – et ceux-là, les premiers témoins, comme il apparaîtra plus clairement, étaient déjà des « témoins pour le témoin ». Chacun dans le livre de Jean est non seulement le témoin, mais le témoin pour le témoin. Par là sera indiqué un trait essentiel de l'ἀλήθεια.

Notre première question était : qui est le « nous » qui recueille le témoignage du disciple aimé ? La deuxième doit être : qui est le μαθητής lui-même ? Elle nous conduit à présent au centre du témoignage, puisque le disciple apparaît comme le témoin. Or le témoin

---

1. ὁ ἔχων τὰς ἐντολάς μου καὶ τηρῶν αὐτὰς ἐκεῖνός ἐστιν ὁ ἀγαπῶν με. « Celui qui a mes commandements et les garde, celui-là est celui qui m'aime » (14, 21).

donne son témoignage dans l'écriture de ce qu'il a vu
et entendu. Est-ce lui-même qui apparaît – en personne :
non la première pourtant mais la troisième –, à la fin de
son livre, sous le nom de τὸν μαθητὴν ὃν ἠγάπα ὁ
Ἰησοῦς, « le disciple que Jésus aimait » (21, 7)[1], mais
surtout dans la dernière parole du Christ recueillie dans
son livre, en réponse à une question simple et pourtant
obscure de Pierre (κύριε, οὗτος δὲ τί ; « Seigneur, et
lui ? », 21, 21), la dernière et elle–même, comme la
question à laquelle elle répond, l'une des plus
énigmatiques, une parole que Jean lui-même laissera
non éclairée : ἐὰν αὐτὸν θέλω μένειν ἕως ἔρχομαι, τί
πρὸς σέ ; « Si je veux qu'il reste jusqu'à ce que je vienne,
en quoi cela te regarde-t-il ? » (21, 22 et 23) : est-ce lui,
et en quel sens ce disciple « reste »-t-il ? En quel sens
« resterait »-il, celui-là, plutôt qu'un autre μαθητής, et
peut-être à la différence de Pierre ?[2] Pour autant qu'une
réponse est donnée, elle est celle du témoignage, autre
en effet que celui de Pierre, qui, lui, témoignera par sa

1. Sur la difficulté et même l'énigme attachée à l'identification de
celui-ci comme au sens qu'il convient de donner à Jn 21, 24 (« C'est ce
disciple qui témoigne au sujet de ces choses et qui les a écrites »), on
lira, dans le commentaire de R. Schnackenburg, l'*Exkurs* 18 du vol. III,
p. 449 *sq.* Sur son rapport avec l'évangéliste, dont selon R. Schnackenburg
il doit être distingué, quelle que soit l'unité avec lui qu'il faudra aussi
lui garder en tant que *Traditionsträger* et même *Zeuge* (p. 464), on se
reportera à la section 2, p. 456 *sq.* Les difficultés historiques et exégétiques
laissent pourtant intacte, comme à chaque fois, la question
phénoménologique et théologique du témoignage.

2. R. Schnackenburg, *Das Johannesevangelium, op. cit.*, III. Teil,
p. 442 *sq.*, indique qu'il a d'abord, dans la comparaison avec Pierre, le
sens simple de « rester en vie », mais, à partir de l'examen du texte,
l'exégète ira jusqu'à un *geistiges « Bleiben » und Fortwirken* (p. 444).

mort (σημαίνων ποίῳ θανάτῳ δοξάσει τὸν θεόν,
« indiquant par quelle mort il allait glorifier Dieu », 21,
19). Il n'est pas impossible sans doute de lire un tel
« demeurer » à la lumière de l'écriture qui le suit. Lui
qui reste en vie, il « reste » aussi en tant qu'il témoigne,
autrement que Pierre, autrement que par sa mort : or il
témoigne en tant qu'il écrit. Il « reste » en écrivant :
mais cela ne veut pas dire pour Jean que l'écriture à elle
seule suffise pour qu'il « reste ». Écrire n'est pas rester
ni même par soi seul garder, rien n'est écrit qui demeure
si τὸ πνεῦμα ne « reste » sur lui. Mais ce disciple-là
accomplira bien la μαρτυρία dans l'écriture, et son
témoignage « reste », pour autant seulement qu'il trouve
des défenseurs, inspirés par l'unique défenseur qui lui-
même « reste » avec eux, τὸ πνεῦμα τῆς ἀληθείας,
« l'Esprit de vérité ». Il faudra comprendre qui est τὸ
πνεῦμα τῆς ἀληθείας, pour commencer à entrevoir le
cercle dans lequel le témoignage s'accomplira, le cercle
de l'ἀλήθεια elle-même, le cercle des défenseurs, puisque
lui, « l'autre défenseur », témoignera en retour pour le
défenseur qui l'a annoncé [1]. Non seulement, à nouveau,

---

1. Saint Augustin dans l'homélie où il commentait ces versets
éclaircissait le cercle, absolument décisif dans l'évangile de Jean, qui
unit le Fils et l'Esprit : « Comment aimons-nous pour recevoir celui sans
lequel, si nous ne l'avons, nous ne sommes pas capables d'aimer ? Ou
comment garderons-nous les commandements pour recevoir celui sans
lequel, si nous ne l'avons, nous ne pouvons garder les commandements ?
[…] Il reste donc que nous comprenions que celui qui aime a l'Esprit
saint et, en aimant, mérite de l'avoir davantage et, l'ayant davantage,
d'aimer davantage » (*In Iohannis Evangelium Tractatus LXXIV*, 1, *Œuvres
de saint Augustin*, « Bibliothèque augustinienne », t. 74A, trad. fr.,
introduction et notes par M.-F. Berrouard, Paris, 1993, p. 317-320). Celui

le témoin est témoin pour le témoin, mais là sera l'essence du témoignage, accordé à l'essence de l'ἀλήθεια. Mais il faudra alors aussi tenter de décrire la provenance des témoins, puisque tous les défenseurs, tous les témoins dans Jean, le premier défenseur comme le second défenseur, et ceux qui sont appelés à témoigner, « vous » et « nous », sont des envoyés. Qui les envoie, et en vue de quoi sont-ils envoyés ? À présent cependant, repartant du commencement, regardons à chaque fois qui est le témoin.

Le premier est Jean le Baptiste. Dès qu'il apparaît dans le livre, il est « envoyé », ἀπεσταλμένος παρὰ θεοῦ (1, 6). Sans aucune ambiguïté, il est envoyé « pour témoignage », εἰς μαρτυρίαν, ἵνα μαρτυρήσῃ (1, 6). Celui qui envoie est ici simplement nommé θεός : or dans Jean θεός est déjà apparu, avec une autre préposition, πρὸς τὸν θεόν, « près de Dieu » (θεός appelle presque toujours une préposition, qu'il soit provenance ou lui-même proche, car θεός appelle presque toujours une médiation : Θεὸν οὐδεὶς ἑώρακεν πώποτε, « Dieu, personne ne l'a jamais vu », 1, 18). Dans tout l'évangile le témoin est toujours envoyé : le témoignage prendra lui-même à chaque fois sens à partir de cet envoi. Mais, conformément à l'essence du témoignage, sur laquelle il conviendra de revenir, le Baptiste ne témoignera pas pour lui-même, mais pour un autre que lui. Au reste qui est-il lui-même, sinon celui qui témoigne ? Très frappante

qui aime, toujours plus spirituel, reçoit, toujours davantage, l'amour, et par conséquent aime lui-même toujours davantage : selon la logique de l'amour, qui forme un cercle, l'Esprit est amour s'intensifiant toujours.

sera la réponse qu'il opposera à la question des prêtres et des lévites (σὺ τίς εἶ; « Toi, qui es-tu ? », 1, 19). Il fera trois réponses négatives, laissant au fond la question sans réponse, avant de répondre seulement à cette autre : τί λέγεις περὶ σεαυτοῦ; « Que dis-tu de toi-même ? » (1, 22). S'agit-il encore de savoir « qui » il est ? Non, mais ce qu'il dit de « lui-même » : ce qu'il dit, c'est qu'il est celui qui s'efface devant un autre, il n'est justement pas lui-même celui pour qui il témoigne, « lui-même » est le témoin pur en ce sens. La traduction de la Bible de Jérusalem donne la réponse de Jean en cet absolu effacement de soi, du « moi » qui se retire lorsqu'il s'avance dans sa parole : ἐγὼ φωνὴ βοῶντος ἐν τῇ ἐρήμῳ. « Moi ? *la voix de celui qui crie dans le désert* » (1, 23) [1]. Il est très remarquable pourtant que cet ἐγὼ apparaisse lui-même ici à travers le témoignage d'un autre, Isaïe, qui a par avance témoigné pour lui (40, 3). Mais alors : lui aussi avait déjà un témoin. Jean en effet pourrait être le seul témoin pour lequel nul ne témoigne, s'il n'était ainsi lui-même annoncé, et par conséquent en un sens attendu. (Le Christ cependant témoignera plus loin pour lui, authentifiant son témoignage dans le savoir : καὶ οἶδα ὅτι ἀληθής ἐστιν ἡ μαρτυρία ἣν μαρτυρεῖ περὶ ἐμοῦ, « et je sais que le témoignage qu'il rend en me rendant témoignage est vrai », 5, 32). Jean n'est pourtant pas à lui seul la fin de l'attente, et son sens d'être est de s'effacer devant celui qui vient. Dans la négation celui

---

1. *Bible de Jérusalem*. De même, dans la langue, qui est toujours la plus dense, de la Vulgate : *ego vox clamantis in deserto*.

qu'il est se retire devant celui qui vient, qui « se tient »
déjà « au milieu de vous », μέσος ὑμῶν ἔστηκεν, mais
« que vous ne connaissez pas », ὃν ὑμεῖς οὐκ οἴδατε (1,
26), celui pour lequel lui-même est venu, puisqu'il n'est
venu que pour témoigner. Or, venu pour le témoignage,
il est venu, d'une indication décisive, « pour qu'il se
manifestât à Israël », ἵνα φανερωθῇ τῷ Ἰσραὴλ (1, 31).
Le témoignage de Jean est tout à fait singulier, car il
témoigne pour quelqu'un qu'il ne connaît pas. Par là
son témoignage paraît tout autre que le témoignage
juridique à chaque fois recevable devant un tribunal,
qui implique au moins que le témoin ait vu, ait été, d'une
façon ou d'une autre, témoin d'une manifestation. Or,
de façon troublante, *Jean ne témoignera pas de la
manifestation, mais pour la manifestation* : κἀγὼ οὐκ
ᾔδειν αὐτόν. « Et moi, je ne le connaissais pas » (1, 31).
Comment le témoin témoignerait-il de ce qu'il n'a jamais
vu, pour celui qu'il n'a jamais vu ? Que veut dire
témoigner pour la manifestation, sinon *être envoyé pour
elle* ? L'envoi donnera par conséquent ici le sens de la
μαρτυρία de Jean. Le témoignage de Jean, le premier
témoin, aura le sens du mot qui fraye un chemin,
précédant l'événement dont il témoigne. Le témoignage
annonce plutôt qu'il ne rappelle, attestant ce qui vient.
Le témoin témoigne pour celui qui vient. Mais est-ce à
dire que Jean n'a rien vu ? En aucune façon. Il a vu, non
pas cet homme, mais le πνεῦμα. Lui-même est venu
pour reconnaître et annoncer cet homme, ἀνήρ (tel fut
le sens de son envoi, le sens d'un tel σύ ou ἐγώ qui
s'appelle « Jean »), et le signe de reconnaissance était

« le πνεῦμα descendant et restant sur lui », τὸ πνεῦμα
καταβαῖνον καὶ μένον ἐπ᾽ αὐτόν (1, 33). Or il a vu le
signe : τεθέαμαι (1, 32), ἑώρακα (1, 34). Jean témoigne
bien par conséquent de ce qu'il a vu. Mais ce qu'il a vu
était lui-même un signe identifiant celui qui venait. Or
ce signe est déjà celui qui par excellence dans l'évangile
de Jean « demeure », le πνεῦμα. Le premier témoignage
du livre, celui de Jean, et le dernier, celui des disciples
– de « vous », de Jean, par conséquent de « nous », qui
procède de « vous » –, portent la marque de τὸ πνεῦμα,
de cela ou de celui qui demeure. Est-ce à dire que le
témoignage ne s'accomplit comme tel que pour autant
que le πνεῦμα « demeure », « près de », πρός, « en »,
ἐν, celui qui témoigne ? Le témoignage lui-même n'en
reçoit-il pas alors la possibilité, pour lui-même, de
« demeurer », comme Jean le disciple si étrangement
« demeure » dans la dernière parole du Christ ? Si
l'écriture « demeure », ne serait-ce pas décidément du
même « demeurer » que le πνεῦμα ? En quel sens le
πνεῦμα, le disciple, le témoignage demeurent-ils à
chaque fois ?

Que le témoignage attende, qu'il attende peut-être
comme le fragment de ce souffle, *Atem*, du poème de
Paul Celan [1], à la fois φωνή, voix, et πνεῦμα, esprit,
voilà qui est déjà le trait qui distingue le premier
témoignage, celui de Jean. Mais cette attente que le
témoignage ne résout pas, mais porte et perpétue au
contraire, est au fond l'attente de celui qui est déjà là,
puisqu'il était avant, mais qui est tout autant celui qui

---

1. *Atemwende*, *Die Gedichte*, *op. cit.*, p. 181.

vient. Même le témoignage de Jean, témoignage pour
une manifestation (ἵνα πάντες πιστεύσωσιν δι' αὐτοῦ,
« pour que tous croient par lui » (1, 7) : « croire »
désigne, non pas seulement l'autre côté d'un rapport,
et la réponse qui en provient, mais, à travers cette réponse
et le Deux qui s'ouvre en elle, l'accomplissement de
l'unique manifestation dans le « rester » du πνεῦμα),
est second. Le témoin est toujours le second, et même
lorsqu'il vient avant celui pour lequel il témoigne, il
vient toujours après lui. C'est le sens de cet effacement
de Jean, qui fut clairement affirmé en 1, 15 (puis 1, 30),
dans un renversement radical et difficile à traduire : ὁ
ὀπίσω μου ἐρχόμενος ἔμπροσθέν μου γέγονεν, ὅτι
πρῶτός μου ἦν. « Celui qui vient après moi m'a devancé
parce qu'il était par rapport à moi le premier »[1]. Le
témoignage de ce premier témoin (qui en tant que témoin
est second, car lui-même est précédé par un premier)
va s'accomplir alors en tant que transmission, puisque
ceux qui le suivaient vont désormais suivre celui pour
qui il témoigne (καὶ ἤκουσαν οἱ δύο μαθηταὶ αὐτοῦ
λαλοῦντος καὶ ἠκολούθησαν τῷ Ἰησοῦ, « et les deux
disciples l'entendirent parler et suivirent Jésus », 1, 37).

---

1. Lemaître de Sacy : « Celui qui doit venir après moi a été préféré
à moi, parce qu'il était avant moi ». *Bible de Jérusalem* : « Derrière moi
vient un homme/qui est passé devant moi/parce qu'avant moi il était »,
Traduction Œcuménique de la Bible : « Après moi vient un homme qui
m'a devancé, parce que, avant moi, il était ». Bernard Pautrat : « Celui
qui vient derrière moi m'est passé devant parce qu'il était avant moi ».
Sur la *Vorrangstellung* de Jésus en 1, 15, on se reportera à R. Schnackenburg,
Das Johannesevangelium, I. Teil, Leipzig-Freiburg-Basel-Wien, St. Benno
Verlag-Herder, 1965, p. 249-250.

Le témoin envoie ceux qui le suivent à celui pour lequel il témoigne, il les appelle à suivre celui-là, et cet envoi advient dans son témoignage lui-même. Non seulement le témoin est un envoyé, mais lui-même envoie, appelle au témoignage. À partir du premier témoin, le témoignage engendre le témoignage.

Le deuxième témoin, qui sera témoin en un sens radicalement différent du premier, n'apparaît pourtant, ainsi, que dans l'ouverture du premier témoignage. Un homme a témoigné pour lui, et la venue de celui-ci accomplit ce premier témoignage, c'est-à-dire l'attente qu'un tel témoignage avait gardée intacte. Avant de considérer de plus près l'apparition de cet autre témoin, il faudra relever que ceux qu'il reçoit du premier, il les reçoit justement déjà, ἀπ' ἀρχῆς, dès le commencement en tant que témoins. *Disciple veut dire par conséquent originairement témoin et rien d'autre.* C'est ce qu'attestent les premiers mots échangés, qui sont les premiers mots du Christ dans le livre : τί ζητεῖτε ; « Que cherchez-vous ? » La réponse sera une question : οἱ δὲ εἶπαν αὐτῷ· ῥαββί, … ποῦ μένεις ; « Eux lui dirent : "Rabbi, où demeures-tu ?" » La réponse du Christ les appelle alors d'emblée au témoignage, autrement dit d'abord au voir : ἔρχεσθε καὶ ὄψεσθε. « Venez et vous verrez » (1, 38-39). Ceux qui vont le suivre ne le suivront ainsi qu'en tant que témoins. Mais *qui* suivent-ils ainsi, lorsqu'ils suivent celui pour lequel le premier témoin a témoigné ? Ils suivent le Maître, ὁ διδάσκαλος. Mais qui est le Maître, et en quel sens est-il Maître ?

Qui est le Maître, voilà qui commencera à apparaître lors de la rencontre avec un autre Maître, ὁ διδάσκαλος τοῦ Ἰσραὴλ, « le Maître en Israël » (3, 10). Cet être-maître aura alors le rapport le plus essentiel à l'esprit, puisque cet autre Maître, Nicodème, est celui qui « ne connaît pas » comment il est possible de « naître d'en-haut » ou « naître de l'esprit » (ἄνωθεν, ἐκ τοῦ πνεύματος, 3, 7-8). *C'est alors que le Maître apparaît pour la première fois lui-même en tant que témoin. Non seulement le disciple, mais le Maître, lui aussi, est un témoin* : ὃ οἴδαμεν λαλοῦμεν καὶ ὃ ἑωράκαμεν μαρτυροῦμεν, καὶ τὴν μαρτυρίαν ἡμῶν οὐ λαμβάνετε. « Nous parlons de ce que nous savons et nous témoignons de ce que nous avons vu, et notre témoignage, vous ne le recevez pas » (3, 11). Le Maître lui aussi est celui qui a vu et témoigne de ce qu'il a vu. Ce qui ne veut rien dire d'autre que ceci : lui aussi a été envoyé pour témoigner. Ceux qui suivent le Maître suivent ainsi celui qui est déjà un témoin. Le sens du « nous » dans le langage que tient le Maître n'est pas clair : mais il est précisément à chercher dans cette non clarté, le mystère, *Geheimnis*, qui entoure encore les paroles et l'identité de Jésus [1]. Le sens du « nous » ne peut être séparé de l'obscurité

---

1. Les trois possibilités pour donner un sens au « nous », avec les objections auxquelles chacune s'expose, sont étudiées avec précision par Rudolf Schnackenburg : Jésus seul, Jésus et ses disciples, la communauté à venir. Selon Schnackenburg, Jésus, unique *himmlischer Offenbarer*, « Révélateur céleste », regarde déjà vers les disciples et leur témoignage (*Das Johannesevangelium*, I. Teil, *op. cit.*, p. 388-390). Rudolf Bultmann place l'accent sur le mystère, *Das Evangelium des Johannes*, 21. Auflage, Göttingen, Vandenhoeck & Ruprecht, 1986, p. 102.

des mots qu'il prononce alors : εἰ τὰ ἐπίγεια εἶπον ὑμῖν καὶ οὐ πιστεύετε, πῶς ἐὰν εἴπω ὑμῖν τὰ ἐπουράνια πιστεύσετε ; « Si, alors que je vous dis les choses de la terre, vous ne croyez pas, comment croirez-vous si je vous dis les choses du ciel ? » (3, 12). Ce qu'il dit, en quel sens précis l'aurait-il vu et entendu, et en quel sens cela serait-il « de la terre », s'il s'agit bien de la naissance ἐκ τοῦ πνεύματος ? Très remarquable est cependant la clarté qui se fait en quelque sorte de l'autre côté : c'est le sens de « prendre » ou de « recevoir » le témoignage qui devient en effet manifeste. Λαμβάνειν veut dire πιστεύειν, « croire ». Or le témoin et son témoignage appellent ici un « croire » radical, puisqu'il sera demandé à celui-ci de s'élever jusqu'aux ἐπουράνια : autrement dit, à ce qui n'est accessible ni à l'œil ni à l'oreille du monde, bien que le témoin vienne justement jusqu'au monde, dans le monde [1]. Le témoin témoignera dans le

---

1. Et ainsi il est demandé de « croire » selon la simplicité et la netteté du mot que Joseph Ratzinger indique dans son *Einführung in das Christentum* (*Gesammelte Schriften*, Bd. 4, *Einführung in das Christentum. Bekenntnis – Taufe – Nachfolge*, Freiburg-Basel-Wien, Herder, 2014, p. 64-65 : « Une telle attitude ne peut à vrai dire être atteinte qu'à travers ce que la langue de la Bible appelle « conversion » [« *Umkehr* », « *Be-kehrung* »] … Oui, la foi est la conversion [*Be-kehrung*], dans laquelle l'homme découvre qu'il suit une illusion lorsqu'il se promet au seul saisissable. C'est là la raison la plus profonde pour laquelle la foi n'est pas démontrable : elle est un tournant de l'être, et seul celui qui se tourne la reçoit. Et parce que notre centre de gravité ne cesse pas de nous indiquer une autre direction, elle demeure, en tant que tournant, chaque jour nouvelle, et c'est seulement dans une conversion à longueur de vie que nous pouvons nous apercevoir de ce que signifie dire : Je crois ». La première édition de l'*Einführung* (avec le sous-titre : *Vorlesungen über das Apostolische Glaubensbekenntnis*) date de 1968.

monde de ce qui n'est pas du monde, voilà ce qui précisément exige un nouveau λαμβάνειν. Le témoin par conséquent ne transmet pas seulement ce qu'il a vu et entendu, il annonce aussi le « non » que lui opposera le monde, et ce qui s'accomplira par là. Le témoignage lui-même et le « recevoir » qui lui répond – ou non – forment un unique accomplissement. Cet accomplissement a un double sens possible, selon le λαμβάνειν lui-même. Ce double sens n'est pas l'opposition de deux jugements contraires, mais, dans Jean, l'opposition du jugement et de la vie. Pour celui qui « reçoit » le témoignage selon la radicalité du πιστεύειν qu'il appelle, il y aura la vie, qui est alors cela en vue de quoi le témoin fut envoyé : ἵνα πᾶς ὁ πιστεύων ἐν αὐτῷ ἔχῃ ζωὴν αἰώνιον, « ... pour que quiconque croit ait en lui la vie éternelle » (3, 15). Pour celui qui ne le reçoit pas, il y aura le jugement (ἡ κρίσις, 3, 19). Le témoin est par conséquent celui qui est envoyé pour donner la vie, si du moins son témoignage, dans l'unique événement de la manifestation, est « reçu ». S'il ne l'est pas, c'est que le « nom » du témoin n'a pas été reçu qui l'appelait Fils unique de θεός (ὅτι μὴ πεπίστευκεν εἰς τὸ ὄνομα τοῦ μονογενοῦς υἱοῦ τοῦ θεοῦ, « parce qu'il n'a pas cru dans le nom du Fils unique-engendré de Dieu », 3, 18). C'est le nom lui-même qui n'a pas été reçu. Or cette seconde possibilité apparaît alors dans l'évangile comme le refus de la lumière, et celui-ci comme le refus de la manifestation. Le mal ne va pas sans la haine de la lumière (μισεῖ τὸ φῶς, « il hait la lumière, 3, 20), autrement dit le refus d'aller dans la lumière (καὶ οὐκ ἔρχεται πρὸς τὸ φῶς,

« et il ne vient pas à la lumière », 3, 20). Qu'est ce qui est alors par le Christ opposé au mal et à celui qui fait le mal, à son recul devant la lumière ? Non pas tout à fait le bien et celui qui fait le bien, mais, de façon extra-ordinairement saisissante, « celui qui fait la vérité » : ὁ δὲ ποιῶν τὴν ἀλήθειαν ἔρχεται πρὸς τὸ φῶς, ἵνα φανερωθῇ αὐτοῦ τὰ ἔργα ὅτι ἐν θεῷ ἐστιν εἰργασμένα. « Celui qui fait la vérité vient à la lumière, afin qu'il soit manifesté que ses œuvres ont été accomplies en Dieu » (3, 21). Venir à la lumière, c'est aller à la manifestation. Une telle approche de la lumière est le trait de celui qui fait la vérité. Mais *qui* fait la vérité, et que veut dire « faire la vérité » ? Celui-là sans doute qui, selon la tournure hébraïque, « fait preuve de fidélité » et « agit de façon loyale »[1]. Mais cela veut dire surtout pour Jean que de tels actes sont accomplis en un autre sens de l'accomplissement, ou en un autre domaine d'accomplissement que ceux des œuvres du mal : ils sont accomplis, selon une nouvelle préposition qui ouvre le sens de Dieu en tant que domaine, *dans* le θεός. Faire la vérité est œuvrer dans le θεός que personne n'a jamais vu, œuvrer en un tout autre domaine, accomplir précisément dans le domaine invisible la manifestation

---

1. *Treue erweisen* et *rechtschaffen handeln* sont les explications de Rudolf Bultmann (*Das Evangelium des Johannes*, op. cit., p. 114, note). Rudolf Schnackenburg, *Das Johannesevangelium*, op. cit., I. Teil, p. 431, n. 2, renvoie à 1 Jn 1, 6 : ἐὰν εἴπωμεν ὅτι κοινωνίαν ἔχομεν μετ' αὐτοῦ καὶ ἐν τῷ σκότει περιπατῶμεν, ψευδόμεθα καὶ οὐ ποιοῦμεν τὴν ἀλήθειαν. « Si nous disons que nous sommes en communion avec lui alors que nous marchons dans les ténèbres, nous mentons et nous ne faisons pas la vérité ».

qu'est l'ἀλήθεια. Mais « faire la vérité », c'est « venir dans la lumière » : le tournant et la décision, la *Be-kehrung*, est dans le « oui » ou le « non » que chacun dit à la lumière, le « oui » ou le « non » qu'il dit à la manifestation. La décision est la décision pour la manifestation, le tournant vers la manifestation, qui ne fait qu'un avec la décision de faire la vérité. La décision de suivre le témoin est la même que celle-là. La décision d'être le témoin pour le témoin – puisque suivre, être disciple, n'a pas d'autre sens – est la même que la décision de faire la vérité, la décision pour la manifestation. Le témoin se décide pour la manifestation, c'est-à-dire décide de « faire la vérité ». Par là il agit dans le θεός, son œuvrer se déploie dans le domaine du θεός, et non pas dans le monde, témoignât-il devant le monde.

Mais par là il manifeste surtout, non pas son pouvoir, sa royauté sur la vérité, dont le témoin se fera pourtant aussi le défenseur, mais son appartenance au domaine lui-même royal de l'ἀλήθεια. Ce trait n'apparaîtra que lors de l'entretien avec Pilate, dont le centre sera l'ἀλήθεια. Si la vérité en devient alors le centre, c'est justement en tant qu'elle est le nom d'un autre domaine que celui du κόσμος, de même que, pour y venir à présent une première fois, la royauté du Christ n'est pas du monde. L'entretien portera en effet d'abord sur la βασίλεια, la royauté, et le domaine d'appartenance de celle-ci. La royauté du Christ (s'il est roi, οὐκοῦν βασιλεὺς εἶ σύ; « Donc, tu es roi ? », 18, 37) n'a pas « ce monde » pour domaine, elle n'en relève pas. Autrement dit : ni il ne règne sur le monde, ni il ne règne au sens du monde. À la question de Pilate, s'il est roi, le Christ ne répond cependant que de façon oblique : roi s'il l'est d'une royauté appartenant à un autre domaine que le monde. Roi, ou plutôt, dans la réponse de Jésus, témoin : ἐγὼ εἰς τοῦτο γεγέννημαι καὶ εἰς τοῦτο ἐλήλυθα εἰς τὸν κόσμον, ἵνα μαρτυρήσω τῇ ἀληθείᾳ. « Moi, je suis né et venu au monde pour rendre témoignage à la vérité » (18, 37). La réponse du Christ rassemble et éclaire soudain toute la constellation du témoignage. Peut-être le roi, mais de toute façon le témoin n'appartient pas au monde dans lequel il s'avance. Le témoin n'est pas chez lui dans le domaine où résonne son témoignage, au sens du moins (puisqu'il est bien venu « chez lui », εἰς τὰ ἴδια, et parmi « les siens », οἱ ἴδιοι, 1, 11) où il n'appartient pas à celui-ci. Ἀλήθεια est alors le nom du domaine de provenance du témoin, qui est aussi celui auquel il appartient. Le témoin a été envoyé pour témoigner du lieu d'où il vient en un lieu auquel il n'appartient pas, mais qui est le sien en un autre sens. Mais alors celui qui le suivra, le disciple, celui qui deviendra lui-même témoin pour le témoin, celui qui fera la vérité, manifestera en le suivant, témoignant ainsi pour le témoin, qu'il appartient au même domaine : πᾶς ὁ ὢν ἐκ τῆς ἀληθείας ἀκούει μου τῆς φωνῆς. « Quiconque est de la vérité écoute ma voix » (18, 37). Être ἐκ τῆς ἀληθείας n'est pas seulement venir d'elle, mais ne cesser d'en recevoir la loi de son être, tenir de l'ἀλήθεια, à chaque instant, son sens d'être. « Être de la vérité » et « faire la vérité » renvoient ainsi à la même décision,

la décision d'être le témoin, d'œuvrer dans le θεός ou
de suivre, d'« écouter » la voix du témoin pour la vérité.
Si par conséquent le Christ est roi – puisqu'il y a bien,
selon ses paroles, une royauté qui est sienne, ἡ βασιλεία
ἡ ἐμὴ, 3, 36 –, le domaine qui s'appelle κόσμος n'est de
toute façon pas celui de son règne. Mais il reste celui
de son témoignage, puisqu'il y est envoyé, bien qu'un
tel témoignage, qui ne lui appartient ni n'en provient,
soit essentiellement tourné contre un tel domaine, et
qu'il enlève au monde ceux qui par lui ne sont plus
désormais ἐκ τοῦ κόσμου (15, 19 ; 17, 14 : le témoin à
la fois les enlève du monde, les place à part du monde,
et les envoie dans le monde, εἰς τὸν κόσμον, précisément
pour le témoignage, c'est-à-dire pour la vie. Il n'est pas
possible d'oublier cette dimension du témoignage dans
Jean : le témoin n'enlève pas seulement du monde, il
envoie lui-même dans le monde). Or, à nouveau, celui
qui rend témoignage à la vérité est aussi celui qui recevra
d'elle témoignage pour son témoignage. Τὸ πνεῦμα τῆς
ἀληθείας, qui est le nom de ce témoin à venir qui lui
aussi et avant tout autre témoignera pour le témoin et
sera lui-même l'ouverture de la possibilité d'un tel
témoignage, est celui qui viendra en défenseur de celui
qui fut d'abord son témoin (ἐκεῖνος μαρτυρήσει περὶ
ἐμοῦ, « celui-là me rendra témoignage », 15, 26). À
nouveau s'accomplira le cercle du témoignage, qui est
le cercle de l'ἀλήθεια, témoignant pour celui qui témoigne
pour elle.

Par là cependant il n'est pas encore répondu à la
question qui clôt l'entretien avec Pilate : τί ἐστιν ἀλήθεια ;
« Qu'est-ce que la vérité ? » (18, 38)[1]. Avant tout, d'où
provient une telle question ? Le Christ ne répond pas,
et Jean ne donne pas d'éclaircissement sur la question
du procurateur. Comment ne pas être frappé par
l'ambiguïté en laquelle elle se lève et sera laissée ? Est-
elle même une question ou plutôt l'absence de la question
sur l'ἀλήθεια, elle qui en réponse au Christ doit tenir
loin de celui qui la pose le témoignage qui seul répondrait
ἐκ τῆς ἀληθείας ? Pilate dans la question repousse de
lui-même le témoignage, l'appel au témoignage. Il est
clair qu'elle n'est pas la question propre du procurateur,
qu'il a d'ailleurs posée sans la moindre ambiguïté, bien
qu'il n'ait obtenu qu'une réponse oblique : οὐκοῦν
βασιλεὺς εἶ σύ ; « Donc, tu es roi ? » (18, 37). La question
de la royauté, selon le procurateur, n'est d'ailleurs pas :
« qu'est-ce que la royauté ? » mais : « qui est roi ? » Or
une telle question écarte pour le procurateur la question
de la vérité, la question « qu'est-ce que la vérité ? »
indiquant cet éloignement dans lequel l'ἀλήθεια elle-

1. En même temps qu'à son commentaire classique, on se reportera
à l'étude de Rudolf Bultmann intitulée *Untersuchungen zum
Johannesevangelium* (1928, A. Ἀλήθεια), reprise dans *Exegetica*, Tübingen,
Mohr, 1967. Le commentaire, de son côté, qui comprend ἀλήθεια comme
die Wirklichkeit Gottes, voit dans la question de Pilate l'expression, non
pas du scepticisme du procurateur, mais du désintérêt de l'État pour la
question *radicale* de la *Wirklichkeit* (*op. cit.*, p. 507, avec la n. 8). Pour
une réflexion sur la vérité-adéquation dans Jean, on se reportera à la belle
étude de Philippe Büttgen, « Une autre forme de procès. La vérité et le
droit dans l'exégèse du Nouveau Testament », *Revue de l'histoire des
religions* 3, 2015, p. 325-338.

même et le témoignage sont tenus. À cette question tenant l'ἀλήθεια et son témoignage à distance, le Christ ne répond pas. Mais il a déjà répondu, en répondant à une tout autre question, d'une tout autre provenance, la question qui portait sur le lieu où il allait et le chemin qui y conduisait, la question qui venait alors d'un disciple (14, 5-6). La réponse, déplaçant d'ailleurs radicalement la question posée du chemin et de la destination (où vas-tu et par quelle voie ? « Nous » ne le savons pas), fut alors par avance symétrique à la question qui est désormais celle de Pilate, « toi es-tu roi ? ». La réponse fut : ἐγώ εἰμι ἡ ὁδὸς καὶ ἡ ἀλήθεια καὶ ἡ ζωή. « Moi, je suis le chemin, la vérité et la vie » (14, 6). La question à laquelle ces mots pourraient répondre serait ainsi, non pas : « qu'est-ce que la vérité ? », mais : « qui est la vérité ? ». Question inaccessible au procurateur, comme la réponse l'est aussi – et dans la mesure même où il n'a pas accès à la réponse, puisque *la possibilité d'une telle question ne s'ouvre qu'avec la venue de l'ἀλήθεια elle-même*. Mais alors l'ἀλήθεια n'est pas seulement un autre domaine, dont témoignerait dans ce monde le témoin étranger qui en vient et continue de lui appartenir. Plus radicalement encore, et d'une façon entièrement inaccessible au procurateur comme elle l'est au monde en tant que monde, l'ἀλήθεια *est quelqu'un. L'ἀλήθεια elle-même est venue.* Les conséquences de cette affirmation sont incalculables. Puisqu'elle est royale, d'une tout autre royauté que la royauté du monde, dans le monde, *la vérité est le roi qui est venu. Alors – mais alors seulement – c'est le témoin lui-même qui est la vérité*. Le témoin témoigne pour la vérité, mais cela veut dire alors qu'il témoigne pour lui-même. Avec ce témoin-là le cercle de l'ἀλήθεια et du témoignage apparaît sous un autre jour. Selon le sens même de la μαρτυρία, en effet, autrement dit de l'ἀλήθεια, il ne paraît pas possible de témoigner pour soi-même. Le Christ lui-même en a rappelé l'impossibilité, qui tient au sens même de l'ἀλήθεια : Ἐὰν ἐγὼ μαρτυρῶ περὶ ἐμαυτοῦ, ἡ μαρτυρία μου οὐκ ἔστιν ἀληθής. « Si je me rends témoignage à moi-même, mon témoignage n'est pas vrai » (5, 31). Ἀλήθεια exige pour ce qu'à chaque fois l'un est ou dit le témoignage d'un autre, nul ne pouvant selon sa loi témoigner pour soi-même. Nul n'est à soi-même l'auto-attestation qui l'établirait, lui-même par lui-même, dans la vérité. Cela veut dire simplement ceci : nul n'est lui-même la vérité. Un seul par conséquent ne suffit jamais pour établir la vérité de ce qu'il est ou dit lui-même. Telle est la loi du témoignage, qui est d'abord la loi de l'ἀλήθεια. Mais, comme « nous » à la fin du livre de Jean témoignera pour le témoin, le Christ témoigne pour le témoignage qui lui est rendu : ἄλλος ἐστὶν ὁ μαρτυρῶν περὶ ἐμοῦ, καὶ οἶδα ὅτι ἀληθής ἐστιν ἡ μαρτυρία ἣν μαρτυρεῖ περὶ ἐμοῦ. « C'est un autre qui me rend témoignage, et je sais que le témoignage qu'il rend en me rendant témoignage est vrai » (5, 32). Le cercle s'accomplit ainsi autrement, non dans l'auto-attestation, mais dans l'authentification, l'attestation de l'attestation, le témoignage pour le témoin : dans le savoir. Cet autre qui témoigne pour lui n'est d'ailleurs pas un seul, puisqu'il y a trois témoins : il y a Jean, καὶ

μεμαρτύρηκεν τῇ ἀληθείᾳ, « et il a rendu témoignage
à la vérité » (5, 33), il y a τὰ ἔργα, les œuvres, qui
témoignent de celui qui a envoyé le Christ, le Père, qui
en ce sens est lui-même témoin pour le Christ (καὶ ὁ
πέμψας με πατὴρ ἐκεῖνος μεμαρτύρηκεν περὶ ἐμοῦ. « Et
celui qui m'a envoyé, le Père, celui-là m'a rendu
témoignage », 5, 37), il y a, en troisième lieu, les
Écritures, qui elles aussi témoignent pour le Christ (καὶ
ἐκεῖναί εἰσιν αἱ μαρτυροῦσαι περὶ ἐμοῦ. « Et celles-là
me rendent témoignage », 5, 39). Jean, les actes, les
Écritures, sont les trois témoins. Mais dans les œuvres
comme dans les Écritures c'est le Père qui est le témoin.
Il y a deux témoins, qui ainsi ne se tiennent pas sur le
même plan. Le témoignage qu'ils rendent concerne le
Fils en tant que Fils, son « nom » de Fils, ils attestent
en ce sens qu'il est l'envoyé du Père, et ainsi lui-même
le témoin. En ce sens le Christ ne vient lui-même que
dans l'ouverture du témoignage, celui de Jean et, sur
un tout autre plan, celui du Père, celui qui envoie.

Faudra-t-il pourtant s'en tenir là ? Non. Car si
l'ἀλήθεια exclut l'auto-attestation lorsqu'il s'agit du
témoin qui n'est pas elle-même, un autre devant toujours
témoigner pour lui, pour la vérité de ce qu'il dit, et ainsi
établir celui qu'il est et ce qu'il dit dans la vérité,
elle-même est la seule attestation de soi possible.
L'ἀλήθεια est même nécessairement attestation de soi.
Seule la vérité peut se rendre témoignage à elle-même,
et elle ne rend témoignage qu'à elle-même. Si, d'un
côté, le témoignage de celui qui se rend témoignage à
lui-même ne peut pas, en tant que tel, être vrai, d'un

autre côté le témoignage de celui qui est la vérité est nécessairement témoignage qu'il rend à soi-même. Aux Pharisiens qui, lui opposant l'impossibilité de l'auto-attestation, c'est-à-dire l'exigence même de l'ἀλήθεια, lui disent : σὺ περὶ σεαυτοῦ μαρτυρεῖς· ἡ μαρτυρία σου οὐκ ἔστιν ἀληθής. « Toi, tu te rends témoignage à toi-même ; ton témoignage n'est pas vrai » (8, 13), le Christ répondra : κἂν ἐγὼ μαρτυρῶ περὶ ἐμαυτοῦ, ἀληθής ἐστιν ἡ μαρτυρία μου, ὅτι οἶδα πόθεν ἦλθον καὶ ποῦ ὑπάγω· ὑμεῖς δὲ οὐκ οἴδατε πόθεν ἔρχομαι ἢ ποῦ ὑπάγω. « Même si je me rends témoignage à moi-même, mon témoignage est vrai, parce que je sais d'où je suis venu et où je vais ; mais vous, vous ne savez pas d'où je viens ni où je vais » (8, 14). De façon frappante, la vérité de l'auto-attestation a le même lien avec la provenance et la destination que celui qui était apparu plus haut entre ἀλήθεια et ὁδὸς dans la réponse du Christ au disciple : ἐγώ εἰμι ἡ ὁδὸς καὶ ἡ ἀλήθεια καὶ ἡ ζωή. « Moi, je suis le chemin, la vérité et la vie » (14, 6). L'auto-attestation n'est possible qu'à partir de la provenance et de la destination, qui s'appelle, dans l'évangile, le Père. Le Christ témoigne pour lui-même dans la mesure où il est l'envoyé témoignant pour celui qui l'a envoyé et qui témoigne pour lui, et dans la mesure où il le sait, comme il sait où il va. *Le savoir est l'auto-attestation elle-même, en tant que savoir de soi de celui qui est l'ἀλήθεια.* Le Christ est le témoin pour le témoin, en lequel la vérité s'atteste elle-même. Nous avons dit d'abord : *le témoin est la vérité.* À présent il faut dire : *la vérité est le témoin,* dans le savoir de soi qui l'établit en tant que chemin s'ouvrant dans le monde vers elle-même. La vérité elle-même n'est pas seulement cet autre domaine, elle est le chemin qui s'ouvre vers lui : elle témoigne pour elle-même. Et ce chemin s'ouvre dans le monde même, il est venu jusqu'au monde, envoyé εἰς τὸν κόσμον et ne cessant d'envoyer d'autres témoins vers lui. En son auto-attestation, la vérité elle-même a ouvert dans le monde un chemin vers elle-même, un chemin qui n'est pas du monde, comme et puisqu'elle n'est pas du monde. Dans l'unique auto-attestation du Christ il y a ainsi le double témoignage, du Fils pour le Père et du Père pour le Fils, comme il y aura le troisième, celui du « défenseur » : καὶ ἐν τῷ νόμῳ δὲ τῷ ὑμετέρῳ γέγραπται ὅτι δύο ἀνθρώπων ἡ μαρτυρία ἀληθής ἐστιν. ἐγώ εἰμι ὁ μαρτυρῶν περὶ ἐμαυτοῦ καὶ μαρτυρεῖ περὶ ἐμοῦ ὁ πέμψας με πατήρ. « Et dans votre Loi il est écrit que le témoignage de deux hommes est vrai. Moi, je me rends témoignage à moi-même et celui qui m'a envoyé, le Père, me rend témoignage » (8, 17-18). Il n'y a pas de témoignage qui ne se tienne au moins dans le Deux. Mais dans le Deux, l'un n'est pas seulement unilatéralement témoin pour l'autre. Chacun est le témoin pour l'autre. Les deux, dans le Deux du témoignage, sont toujours deux témoins. Le témoin dans l'évangile de Jean témoigne pour un autre qui est aussi un témoin : « nous » témoignons à la fin pour le disciple qui a écrit (nous *savons*, nous attestons que son témoignage est vrai, nous l'authentifions), le disciple en écrivant témoigne pour celui qu'il a vu et entendu, Jean qui vient avant témoigne à partir du signe qu'il a reçu, parce qu'il l'a vu sur lui, pour celui qui vient après lui, le « défenseur » témoignera pour lui, celui qui l'envoie a témoigné pour lui, et celui dont tous les autres sont les témoins est aussi le témoin pour celui qui l'envoie, le Père. Mais, à la différence de tous les autres témoins, ce témoin est aussi, témoignant pour cet autre, *le témoin pour lui-même.* Telle est la singularité absolue du témoignage du Christ. Il est à lui-même son propre témoin, dans la mesure où tout témoignage est témoignage pour la vérité, et où lui, le témoin, est la vérité. Seule la vérité témoigne pour elle-même. Or cela justement veut dire qu'elle n'est pas fermée en elle-même : *elle-même est venue, elle-même est le témoin.* L'évangile de Jean pour l'essentiel enseigne ceci, que la vérité est venue, qu'elle est elle même le témoin, qu'elle est venue pour témoigner d'elle-même. En son témoignage de soi, elle appelle les autres à devenir des témoins. Le témoignage ne cesse d'appeler au témoignage. La vérité, qui est le témoin, est venue pour faire de celui qui se laisse atteindre par elle un témoin, celui qui est ἐκ τῆς ἀληθείας, celui qui « fait la vérité », et Jean n'a vu que cela, la venue de la vérité. « Être témoin » veut dire être ἐκ τῆς ἀληθείας, s'avancer dans le témoignage qu'est l'ἀλήθεια elle- même, c'est-à-dire s'avancer, à part du monde et contre lui, mais en lui, dans la manifestation. Tel est alors le sens de l'énigmatique « défenseur ». Si la vérité est le témoin, le πνεῦμα τῆς ἀληθείας avec son témoignage est lui-même l'accomplissement de son auto-attestation et de tout témoignage, l'accomplissement de la manifestation. Le πνεῦμα τῆς ἀληθείας est lui-même la manifestation.

Chapitre II

MONDE

Jean est le témoin. En tant que témoin il écrit, aussi parce que « l'écriture ne peut être annulée » (καὶ οὐ δύναται λυθῆναι ἡ γραφή, 10, 35; alors sans doute il s'agit de l'écriture de la Loi, mais justement la décision d'écrire ne pouvait pas, en Jean, ne pas répondre à celle-là[1]). Lui-même à la fin s'avance sans nom dans

---

1. Rudolf Schnackenburg écrit : « La théologie chrétienne des origines les plus anciennes est une théologie de l'Écriture. Elle reflète les paroles et les actes de Jésus, l'histoire du Christ tout entière, dans la lumière de l'Ancien Testament. Elle recherche les paroles qui se sont accomplies dans le Christ et comprend l'obscur et l'énigmatique de son destin au moyen de tels « accomplissements » en tant que décrets divins du salut. Ainsi des paroles qui avaient cessé de résonner depuis longtemps, prononcées dans une situation historique déterminée, atteignent-elles une force nouvelle et une nouvelle efficace; les paroles des prophètes deviennent des témoignages messianiques, et ceux-ci à leur tour source d'une réflexion nouvelle. Celui qui, toute une vie, s'est mis en peine des paroles bibliques et a étudié leur traduction en grec connaît ce processus toujours à nouveau fascinant » (*Das Johannesevangelium, op. cit.*, IV. Teil, *Ergänzende Auslegungen und Exkurse*, p. 164). – Sur l'apparition et la situation du livre, on se reportera, anciennement, au grand livre d'Adolf von Harnack, *Mission et expansion du christianisme dans les trois premiers siècles*, trad. fr. J. Hoffmann, Paris, Cerf, 2004, chap. VIII, « La religion du livre et de l'histoire accomplie », p. 353 *sq.* (1924 pour la dernière édition de *Mission und Ausbreitung*).

son propre témoignage, comme celui qui reste, celui dont Jésus dit : ἐὰν αὐτὸν θέλω μένειν ἕως ἔρχομαι. « Si je veux que lui reste jusqu'à ce que je vienne » (21, 23). Mais témoigner et rester, sur ce mode de l'écriture que rien ne supprime, présupposent un domaine dans lequel le témoignage a lieu, et dans lequel il demeure. Où le témoin témoigne-t-il, où est-il appelé à rester : où est-il laissé par la volonté qui l'aura envoyé ? (Le témoin lui-même laissé, mais jamais abandonné, jamais laissé « orphelin » [1], sera aussi, dans l'évangile de Jean, celui qui laisse : lui-même envoyé il envoie). Le domaine de son témoignage est le même que celui qui a vu venir à lui celui qui était déjà un témoin, témoignant déjà pour celui qui l'avait envoyé, celui dont il venait, c'est-à-dire le Père. Le nom de ce domaine, qui reste entièrement à comprendre, est : ὁ κόσμος. Le monde de l'évangile de Jean est le domaine du témoignage, le domaine où le témoin envoyé par le Père a rencontré ceux qu'il devait lui-même envoyer. Le monde n'est pas une provenance, mais le domaine d'un venir, dans lequel à chaque fois un témoin vient, parce qu'il fut envoyé : cet autre Jean, déjà, ou la lumière, ou le dernier témoin de l'évangile, « ce disciple », οὗτος… ὁ μαθητής (21, 24). À chaque fois le monde est le domaine : le domaine de l'envoi, le domaine d'une venue, le domaine du témoignage. Mais qu'est-ce que, ou plutôt peut-être *qui* est le monde ? Lorsqu'il apparaît pour la première fois dans le livre, il est déjà le domaine d'une venue, celle de la lumière, ἐρχόμενον εἰς τὸν κόσμον (1, 9). Mais le Prologue a

1. 14, 18.

déjà indiqué que le domaine dans lequel la lumière brille ou paraît, φαίνει (c'est là que soudain le récit passait de l'imparfait au présent, avant d'en venir, pour la négation qui nous retiendra, à l'aoriste) [1], est l'obscurité, σκοτία (1, 5). « Venir » et « briller » ou « paraître » ont le même sens : venant dans les « ténèbres » ou dans le « monde », la lumière vient à chaque fois à tout homme, elle était τὸ φῶς τῶν ἀνθρώπων, « la lumière des hommes » (1, 4), elle « illumine πάντα ἄνθρωπον » (1, 9). « Monde » et « ténèbres » ne font qu'un, et « homme » est celui qui se tient dans ce domaine.

Or, sous son nom de ténèbres, il est le domaine d'une négation que l'évangile de Jean ne cessera plus de dire : αὐτὸ οὐ κατέλαβεν (1, 5), la lumière qui venait, l'obscurité « ne l'a pas saisie ». Le sens d'une telle κατάληψις est celui de la compréhension. Lorsque ce domaine apparaîtra sous son nom de monde, il sera écrit de l'accueil qu'il fit à celui qui était la lumière : καὶ ὁ κόσμος αὐτὸν οὐκ ἔγνω, « et le monde ne l'a pas reconnu » (1, 10). Une autre version de la même négation apparaîtra presque à la suite dans le chapitre : « les siens », οἱ ἴδιοι, « ne l'ont pas accueilli », αὐτὸν οὐ παρέλαβον (1, 11), le verbe de cet accueil se trouvant lui-même repris, modifié : ὅσοι δὲ ἔλαβον αὐτόν (1, 12), « mais tous ceux qui l'ont reçu ». « Comprendre », « connaître », « accueillir », « recevoir » : en quel sens ce domaine et ceux qui s'y tiennent, ou lui appartiennent,

---

1. Rudolf Schnackenburg revient sur les temps grammaticaux dans ce verset (*Das Johannesevangelium*, *op. cit.*, I. Teil), p. 221 *sq.*, particulièrement p. 223.

sont-ils restés absolument éloignés d'un tel λαμβάνειν ?
N'en furent-il pas capables, n'en eurent-ils pas la force,
ne le voulurent-ils pas, le refusèrent-ils ? Comment
penser ce qui s'est passé avec l'événement d'une telle
négation, puisque c'est bien cet aspect aoristique qui
est alors retenu, l'aspect de « ce qui eut lieu une fois »,
selon l'indétermination qui entoure cet avènement ?
Quelle sorte de « non » fut ainsi opposé à celui qui était
la lumière, de quelle provenance venait-il et à quoi au
juste allait-il ? Autant de questions qui, s'il était possible
de voir tout à fait clair en elles, devraient décider du
sens ultime de ce que Jean appelle τὸ φῶς, autrement
dit ἡ ζωή, autrement dit aussi ὁ λόγος, puisqu'il est
possible de remonter jusqu'à lui (non sans médiations
cependant : καὶ ἡ ζωὴ ἦν τὸ φῶς τῶν ἀνθρώπων. « Et
la vie était la lumière des hommes », 1, 4 ; ὃ γέγονεν
ἐν αὐτῷ ζωὴ ἦν. « Ce qui advint en lui [le λόγος] était
vie », 1, 3-4 [1]). Il faudra seulement remarquer que cette
négation, le non-accueil qu'elle porte, n'est pas
l'opposition à ce qui serait étranger, car une telle venue
était la venue du λόγος auprès de ce qui lui est propre :

---

1. La ponctuation entre le verset 3 et le verset 4 est un lieu de difficulté
exégétique, décisive quant à l'interprétation de la « vie ». On consultera,
dans l'exégèse récente, Jean Zumstein, *L'Évangile selon saint Jean*, I,
1-12, Genève, Labor et Fides, 2014, p. 47, n. 3. Nous nous en tenons à
Nestle-Aland : πάντα δι'αὐτοῦ ἐγένετο, καὶ χωρὶς αὐτοῦ ἐγένετο οὐδὲ
ἕν. ὃ γέγονεν ἐν αὐτῷ ζωὴ ἦν, καὶ ἡ ζωὴ ἦν τὸ φῶς τῶν ἀνθρώπων. « Tout
advint par lui, et rien n'advint sans lui. Ce qui advint en lui était vie, et
la vie était la lumière des hommes ». *Cf.* R. Schnackenburg, *Das
Johannesevangelium, op. cit.*, I. Teil, p. 215 *sq.*

c'est « chez lui », εἰς τὰ ἴδια, qu'il est venu (1, 11)[1]. Que le λόγος ne fût pas étranger dans le domaine qui s'appelle pourtant « ténèbres », n'est-ce pas au fond ce qu'indiquait déjà en lui-même le surprenant présent du verbe même de sa manifestation : n'est-ce pas le sens d'être de la lumière que de « briller », toujours, dans les ténèbres, en sorte que les ténèbres ne peuvent être le domaine de la négation de la lumière, c'est-à-dire de la négation de la manifestation, que dans la mesure où elles sont originairement, elles-mêmes, *le domaine de la manifestation* ? Si ἡ σκοτία, les « ténèbres », ont refusé la lumière, en tant que « ténèbres » elles sont pourtant justement son domaine propre : en tant que ténèbres elles refusent celui qui est pourtant chez lui en elles. Il faudra penser la négation comme l'événement en lequel un tel domaine s'est rebellé contre une venue familière, la venue de celui auquel il appartenait lui-même. Sans qu'il soit possible d'en sonder la profondeur, c'est pourtant ce qui au moins était déjà indiqué dans

---

1. Le sens de οἱ ἴδιοι est à nouveau un lieu classique de grande controverse exégétique. Schelling comprendra encore par là le peuple juif, en tant qu'il n'appartient pas à ὁ κόσμος, « le monde du paganisme ». Par conséquent il prendra soin de distinguer le οὐ παρέλαβον, le non-accueil, du οὐ κατέλαβεν, l'incompréhension. « Maintenant qu'il apparaît comme personne, maintenant est passé le temps de l'action incomprise, maintenant était venu le temps de la compréhension et donc aussi de l'acceptation *libre*. Les païens ne repoussaient pas la lumière dans son action encore incomprise, simplement naturelle, ils ne la comprenaient même pas ; les Juifs au contraire repoussèrent ce qui était devenu compréhensible et ne l'accueillirent pas » (*Philosophie der Offenbarung, Sämmtliche Werke*, hrsg. v. K. A. Schelling, Stuttgart-Augsburg, 1856-1861, Bd. XIV, p. 117 ; trad. fr. J.-Fr. Courtine et J.-Fr. Marquet (dir.), Livre III, Paris, PUF, 1994, p. 136).

ce que Jean a écrit de tout ce qui « advint », c'est-à-dire de tout γίνεσθαι : rien n'advint « séparément de lui », le λόγος, « sans » lui, χωρὶς αὐτοῦ, tout, πάντα, « par lui », δι' αὐτοῦ (1, 3). Puisque le domaine de l'advenir se tient sous le λόγος, et puisque c'est en ce sens ou dans cette mesure ou, exactement, « en lui » que « ce qui advint » était vie (« vie » est le nom de cet advenir ou de tout ce qui advient pour autant qu'il est dans le λόγος [1]), l'advenir en tant que vie s'ouvre radicalement comme domaine de la manifestation, domaine de la lumière : il n'y a pas d'autre domaine. « Ténèbres » et « monde » ne sont pas un autre domaine que celui-là, celui de l'advenir. Mais alors il reste à comprendre l'étrangeté de leur refus, le refus de celui qui était pourtant chez lui en eux. Car « monde » pas plus que « ténèbres » n'est un domaine étranger au λόγος. Jean l'écrit plusieurs fois, de plusieurs façons : ἐρχόμενον εἰς τὸν κόσμον. ἐν τῷ κόσμῳ ἦν, καὶ ὁ κόσμος δι' αὐτοῦ ἐγένετο, « … venu dans le monde. Il était dans le monde, et le monde advint par lui… » (1, 9-10). Comme tout ce qui est advenu et en vertu de la loi de tout advenir (le monde est lui-même les πάντα), ὁ κόσμος advint par le λόγος. Venir dans le monde ne pourra pas vouloir dire que le monde fût jamais séparé de lui. Quel que

---

1. Du moins selon la leçon retenue. Il y aurait lieu de se demander si les commentaires de Michel Henry tiennent assez compte de cette immanence de la vie au λόγος, comme aussi d'un tel sens d'être du monde, unique domaine de la manifestation, à qui elle est adressée et qui lui-même ne sera *jamais* abandonné, mais, au contraire, sauvé (*C'est moi la Vérité*, Paris, Seuil, 1996 ; *Incarnation*, Paris, Seuil, 2000 ; *Paroles du Christ*, Paris, Seuil, 2002).

soit le sens dans lequel est entendu le ἐν αὐτῷ : celui,
à l'imparfait, où tout ce qui est advenu *était en lui* (vie),
celui, au même imparfait, où lui-même *était dans le*
monde, le plus simple sera de s'en tenir peut-être à cette
séparation, χωρίς, qui jamais ne prévaut, ni avant ni
après que le λόγος est venu dans le monde. Cependant
la question ne saurait manquer d'apparaître : la négation
du αὐτὸ οὐ κατέλαβεν n'aura-t-elle pas le sens d'une
telle séparation ? Ne pas le « comprendre » et ne pas
l'« accueillir », cela ne veut-il pas dire se séparer, être
déjà séparé de lui ? Le refus dans un tel « ne pas », est-ce
le renversement de l'avoir lieu lui-même tel qu'il s'est
déployé jusqu'à présent, dans le lien avec ὁ λόγος ? Ce
qui voudrait dire le renversement de la vie, puisque vie
fut le sens de cet « avoir lieu en lui », ὃ γέγονεν ἐν
αὐτῷ. La question sera précise : la négation n'est-elle
pas la négation de la vie ? Non pas que tous ses noms
se laissent confondre, loin de là, mais précisément au
sens où « vie » indique le mode de cet advenir non
séparé, et que la négation pourrait renverser, détruire,
nier. Cependant la non-séparation ne peut pas vouloir
dire que le λόγος fût auprès du monde, puisqu'il y est
« venu ». Et ainsi il faudra dire qu'en un sens le λόγος
n'était pas jusqu'à cette venue dans son propre domaine,
non-séparé il en était pourtant en un sens absent. Une
telle absence encore indécise est ce qui donne à celui-ci,
au monde, la ressource de la négation : lorsqu'il ne
l'accueille pas, *il nie que ce soit lui qui vienne*, en un
sens, si l'on suit la traduction de la Bible de Jérusalem
pour le αὐτὸν οὐκ ἔγνω (1, 10), il ne le « reconnut »

pas. Non seulement il ne peut venir qu'à partir de son
absence, mais il ne peut être refusé qu'à partir d'elle.
C'est dans cette mesure que tout l'évangile de Jean
pourra aussi être lu comme le récit d'une telle non-
reconnaissance : quelqu'un paraît et il ne sera pas
reconnu, il sera reconnu par quelques-uns seulement,
mais il devra partir, ou plutôt il sera rejeté du domaine
dans lequel il était devenu manifeste, le domaine pourtant
originairement sien. Par cet aspect l'évangile traverse
une dimension tragique que, pourtant, il renverse, si la
tragédie doit montrer l'avancée d'une négation qui
l'emporte sur l'affirmation, qui ruine, à la fin, la manifestation. Qu'il s'agisse du savoir de soi d'Œdipe
s'avançant vers la clarté et entrant par là même dans la
fragilisation dévastatrice de soi, qu'il s'agisse de la
reconnaissance à chaque fois à l'œuvre dans le théâtre
Nō où toujours le fantôme qui s'avance devra dire qui
il fut, c'est-à-dire qui est celui, qui est cette vie dont il
n'est pas délivré [1] : avec la dramaturgie non-chrétienne,
grecque ou non-grecque, de la reconnaissance l'évangile
n'est peut-être pas sans rapport. Celui qui est venu n'a
pas été reconnu : la négation johannique paraît bien
montrer d'abord le coupant d'un refus qui n'est pas sans
évoquer le tragique selon Reiner Schürmann, qui en fut
l'un des penseurs : le « non » dit aux phénomènes, « le
Non qui infirme toute manifestation », « le Non que

---

1. Zeami, *La Tradition secrète du Nō*, suivi de *Une journée de Nō*,
trad. fr. R. Sieffert, Paris, Gallimard-Unesco, « Connaissance de l'Orient »,
1985.

leur signifie leur monde »[1]. Pour le λόγος lui aussi le
« non » est, en quelque sorte par excellence, *le « non »
que lui dit son monde*, le « non » que lui disent « les
siens ». Mais il faut dire immédiatement aussi que
l'évangile laissera la tragédie, puisqu'il déplacera le
δρᾶμα, la négation qui « advint », à l'intérieur d'un
témoignage plus grand qu'elle, et qui ne cessera plus,
un témoignage qui en vérité, par ce qu'il a vu, la renverse :
il témoigne pour le témoin, et dans le témoignage et ce
qu'il a vu la négation devient elle-même la manifestation,
c'est-à-dire elle-même l'accomplissement de la « gloire »
(πάτερ, ἐλήλυθεν ἡ ὥρα· δόξασόν σου τὸν υἱόν, ἵνα ὁ
υἱὸς δοξάσῃ σέ. « Père, l'heure est venue : glorifie ton
Fils, pour que ton Fils te glorifie », 17, 1). Et le témoin
qui ne fut pas reconnu (οὐ κατέλαβεν, οὐκ ἔγνω), qui
fut emporté, sur un mode qui pouvait, un instant, être
tragique, dans la violence mortelle du « non » qui le
mène jusqu'à la solitude pure, jusqu'à l'abandon, trouve
dans l'évangile le témoignage selon lequel le « monde »
qui lui donne la mort sera sauvé par lui. Lui-même
témoin il envoie d'autres témoins qui, enlevés au monde,
témoignent pour lui : lui-même laissé par eux il les laisse
dans le monde et il leur laisse quelque chose (ἰδοὺ
ἔρχεται ὥρα καὶ ἐλήλυθεν ἵνα σκορπισθῆτε ἕκαστος εἰς
τὰ ἴδια κἀμὲ μόνον ἀφῆτε. « Vois, l'heure vient et elle
est venue où vous serez dispersés, chacun de son côté,
et où vous me laisserez seul », 16, 32 : ἀφίημι, « laisser »,
est l'un des verbes majeurs de l'évangile de Jean). Le

1. R. Schürmann, *Des Hégémonies brisées*, Mauvezin, TER, 1996,
p. 760-761.

témoignage évangélique n'est pas tragique, parce que le témoignage lui-même ne s'est pas refermé, ni, par conséquent, la venue dont il témoigne. Autrement dit la négation n'est pas le dernier mot : le mot qui en dénoue le refus sera le verbe même du témoignage, le verbe final dans Jean, le verbe qui parle de Jean lui-même, μένει, « il reste ». Et ce qui « reste » avec lui n'appartient pas ou pas seulement, comme il en allait dans Œdipe, à la plainte – si la plainte est l'un des traits qui distinguent la dimension du tragique[1]. Or cela ne veut rien dire d'autre que ceci : le dernier mot, encore à venir, est πνεῦμα. En quel sens est-il le dernier ? Il doit d'abord dans Jean indiquer la présence de celui qui restera lorsque le témoin ne pourra plus « rester », celui qui prendra le relève du témoin, puisque lui aussi sera un témoin (ἐκεῖνος μαρτυρήσει περὶ ἐμοῦ, « celui-là me rendra témoignage », 15, 26). Le mot décisif est celui-ci :

---

1. Il y aurait cependant lieu de discerner une plainte propre au deuil qui s'ouvre dans l'évangile, le deuil suivi d'un retour puis d'un tout autre départ, ouvrant l'attente nouvelle. Elle pourrait bien devoir être cherchée du côté de l'élégie, de la plainte propre à la disparition, de la plainte funèbre. Hegel décrira ainsi l'un des aspects de la conscience chrétienne (ou plutôt la figure que celle-ci trouve sur le chemin de son accomplissement) lorsque, dans *Glauben und Wissen*, puis dans la *Phénoménologie de l'esprit*, il décrira la figure de la conscience malheureuse comme « conscience de la perte de toute *essentialité* dans *cette certitude* de soi ainsi que de la perte précisément – de la substance tout comme du Soi, elle est la douleur qui s'énonce comme la dure parole, que *Dieu est mort [daß Gott gestorben ist]* » (*Phänomenologie des Geistes*, Hambourg, Meiner, « Philosophische Bibliothek », 2011, p. 490 ; trad. fr. B. Bourgeois, Paris, Vrin, 2018, p. 832). Mais, comme cette figure n'est pas selon Hegel la figure totale de la conscience chrétienne, une telle plainte en elle, elle non plus, n'est pas l'ultime.

Οὐκ ἀφήσω ὑμᾶς ὀρφανούς, « Je ne vous laisserai pas orphelins » (14, 18). Le deuil élégiaque qui s'ouvre avec le départ du témoin n'est pourtant pas l'ouverture d'une solitude qui ne connût aucune présence apaisante, puisque la « paix » sera au contraire le nom, lui-même très difficile à rejoindre, de ce qu'il aura « laissé »[1]. « Rester » et « laisser » se répondent, lorsque le témoin glisse de la présence dans l'absence : lui qui ne peut rester, lui-même qui est laissé, abandonné par ses « amis » (ὑμεῖς φίλοι μού ἐστε ἐὰν ποιῆτε ἃ ἐγὼ ἐντέλλομαι ὑμῖν. « Vous, vous êtes mes amis si vous faites ce que, moi, je vous commande », 15, 14), laisse, et ce qu'il laisse s'appelle εἰρήνη : Εἰρήνην ἀφίημι ὑμῖν, εἰρήνην τὴν ἐμὴν δίδωμι ὑμῖν, « je vous laisse la paix, je vous donne ma paix » (14, 27). Mais que veut dire « paix », et comment la paix pourrait-elle être la « sienne », lui parti, comment pourrait-elle ne pas les « laisser » seuls ? Est-ce le mode de sa présence lorsqu'il ne sera plus là ? Quel est le sens du domaine de la paix ? Est-il le même que la présence à venir du défenseur ? « Esprit » n'est pas d'abord celui

---

1. Joseph Ratzinger commente ainsi l'article de la descente du Christ aux enfers du *Symbole des apôtres* : « Cette proposition énonce par conséquent que le Christ a franchi la porte de notre dernière solitude, que dans sa Passion il est entré dans cet abîme de notre être-abandonné. Là où aucune voix ne peut plus nous atteindre, Il est là. Par là, l'enfer est surmonté, ou plus précisément : la mort, qui avant lui était l'enfer, n'est plus cela. Les deux ne sont plus le même, parce qu'au milieu de la mort est la vie, parce qu'en son milieu habite l'amour. Seule la fermeture voulue de soi-même est encore l'enfer ou, comme le dit la Bible, la seconde mort (par exemple Ap 20, 14). Mourir cependant n'est plus un chemin vers la solitude glaciale, les portes du Sheol sont ouvertes » (*Einführung in das Christentum, op. cit.*, p. 274).

que le témoin laisse, mais celui qui vient, envoyé par
le Père, après lui, après celui qui fut, par conséquent,
un premier défenseur pour « vous » (καὶ ἄλλον
παράκλητον δώσει ὑμῖν ἵνα μεθ' ὑμῶν εἰς τὸν αἰῶνα ᾖ.
« Et il vous donnera un autre défenseur, pour qu'il soit
avec vous pour l'éternité », 14, 16). Lorsque en effet le
témoin ne pourra plus « rester », un autre envoyé devra
accomplir le souvenir de ce qui fut dit (Ταῦτα λελάληκα
ὑμῖν παρ' ὑμῖν μένων· ὁ δὲ παράκλητος, τὸ πνεῦμα τὸ
ἅγιον, ὃ πέμψει ὁ πατὴρ ἐν τῷ ὀνόματί μου, ἐκεῖνος
ὑμᾶς διδάξει πάντα καὶ ὑπομνήσει ὑμᾶς πάντα ἃ εἶπον
ὑμῖν [ἐγώ]. « Je vous ai parlé ainsi alors que je restais
près de vous ; mais c'est le défenseur, l'Esprit saint que
le Père enverra en mon nom, qui vous enseignera tout
et vous rappellera tout ce que, moi, je vous ai dit »,
14, 25-26). L'absence ne sera pas à la fin. Le refus du
monde qui voudra dire la mort pour le témoin ne mettra
pourtant pas fin au témoignage, ni à l'envoi par lequel
apparaissent de nouveaux témoins témoignant pour lui :
καὶ ὑμεῖς δὲ μαρτυρεῖτε, ὅτι ἀπ' ἀρχῆς μετ' ἐμοῦ ἐστε.
« Et vous, vous témoignerez, parce que vous êtes avec
moi depuis le commencement » (15, 27).

Si les « ténèbres » sont le domaine même de la
manifestation, où le λόγος vient dans son propre domaine,
si pourtant il ne peut « venir », et n'être pas accueilli,
qu'à partir d'une absence, reste à discerner le sens d'un
tel domaine en tant que « monde » : le domaine d'une
venue qui est aussi celui d'un refus, entrant, l'une avec
l'autre, dans un seul témoignage, qui inclut le refus de
la manifestation dans la manifestation elle-même. Que
doit être le monde pour pouvoir dire non à celui qui y

vient en son domaine propre, à celui par qui le monde même est advenu ? Κόσμος toutefois n'est pas seulement le domaine de cette venue. Il est aussi celui auquel elle était radicalement adressée. Κόσμος dans cette mesure n'est pas seulement le domaine du témoignage, mais il est celui auquel le témoin est envoyé, auquel il est « donné ». Le monde refusera ce qui lui fut à lui-même envoyé. C'est en ce sens, précisément, que la négation est la négation de l'amour, en tant que le monde refuse un amour qui va à lui (3, 16-17), et n'entre qu'en ce sens dans un jugement, κρίσις que l'amour, dans Jean, supprime. La question est d'autant plus difficile : que doit être le monde pour dire « non » à ce qui lui est donné et à celui qui le lui donne ? Mais ce qui est refusé, qu'est-il lui-même au juste ? Lorsqu'il fut nommé φῶς, c'est l'événement du φαίνεσθαι qui était en lui indiqué. Lorsque le refus apparaîtra comme le refus de φῶς, c'est la manifestation qui sera refusée. Le monde refuse le φαίνεσθαι, la manifestation elle-même. Ce refus n'est d'ailleurs le refus de l'amour que dans la mesure où il est l'opposition d'un autre, étrange amour à celui qui irait à la lumière, c'est-à-dire à la manifestation : τὸ φῶς ἐλήλυθεν εἰς τὸν κόσμον καὶ ἠγάπησαν οἱ ἄνθρωποι μᾶλλον τὸ σκότος ἢ τὸ φῶς. « La lumière est venue dans le monde et les hommes ont aimé l'obscurité plus que la lumière » (3, 19). Le refus de la manifestation est lui-même amour pour l'obscurité. Cet amour se tient loin de la lumière et tient la lumière loin de lui, il hait la manifestation, μισεῖ τὸ φῶς. La négation johannique est la haine de la lumière. Une telle haine, le Christ de Jean en indiquera la provenance à Nicodème. Elle est l'amour de l'obscurité dans laquelle se retirent l'action vile, πονηρὰ τὰ ἔργα, et celui qui la commet, πᾶς γὰρ ὁ φαῦλα πράσσων (3, 20). Le monde se détourne de la lumière et lorsque celle-ci vient, venant dans l'obscurité qui est l'élément de son paraître, il se retire plus profondément dans l'obscurité[1]. Or un tel refus de la manifestation appartient à ce qu'il n'est pas impossible de penser en tant que volonté, puisqu'il s'appelle amour, et qu'il provient du même domaine que les actes. C'est une telle volonté qui s'éloigne de la lumière, elle et ses œuvres, elle et ses actes. À ce refus de la manifestation Jean oppose un autre « faire », un ποιεῖν en lui-même tout à fait énigmatique : ὁ δὲ ποιῶν τὴν ἀλήθειαν ἔρχεται πρὸς τὸ φῶς. « Celui qui fait la vérité vient à la lumière » (3, 21) : « faire la vérité » est accomplir ses œuvres ἐν θεῷ, et celui qui les accomplit en ce « lieu » unique va, lui, à la manifestation : ἵνα φανερωθῇ αὐτοῦ τὰ ἔργα ὅτι ἐν θεῷ ἐστιν εἰργασμένα, « afin qu'il soit manifesté que ses œuvres ont été accomplies en Dieu » (3, 21 ; plus loin, ὁ θεός sera dit lui-même ἀληθής, 3, 33). Autrement dit, à ce lieu unique d'accomplissement qui est nommé θεός, lui-même invisible, à cet accomplissement de l'ἀλήθεια sont liés essentiellement, non pas le secret, mais la manifestation, la dimension même du φαίνεσθαι, et l'amour de la manifestation. « Faire la vérité », puisque l'amour deviendra le « nouveau

---

1. Schelling, lorsqu'il cherchera à rejoindre un concept du mal, sera le penseur de cet approfondissement de l'obscurité se rétractant devant l'éclair en elle : entre autres lieux, dans les *Recherches philosophiques sur l'essence de la liberté humaine*, *Sämmtliche Werke*, Bd. VII, p. 361 ; trad. fr. J.-Fr. Courtine et E. Martineau, Paris, Gallimard, p. 147-148.

commandement », le seul (ἐντολὴν καινὴν, 13, 34. Αὕτη ἐστὶν ἡ ἐντολὴ ἡ ἐμή. « Voici quel est mon commandement », 15, 12), aura le même sens qu'aimer. À cet amour qui fait l'ἀλήθεια la manifestation est par essence attachée : non seulement il y a un amour de la manifestation, auquel s'oppose son refus, mais l'amour, au sens du nouveau commandement, va toujours à elle, l'amour étrangement « commandé », enseigné, est toujours cet amour-là. Et puisqu'il a pour sens de « faire la vérité », la vérité est la manifestation elle-même. Si le témoin, dans Jean, est la vérité elle-même, il ne vient pas seulement pour témoigner pour elle, absente ou en retrait, c'est elle-même qui témoigne pour elle-même, dans une auto-attestation qui, entre tous les témoins, est le trait singulier du Christ dans l'évangile de Jean. La vérité est elle-même un tel Venir de la lumière. Si celui qui fait la vérité va à la lumière, c'est que la vérité est la lumière elle-même. C'est à elle que le monde dit non. La négation de l'amour est la négation de la vérité, en tant que négation de la manifestation. Mais nous ne comprenons pas encore comment le monde pourrait même accéder à un tel « non », lui qui n'advient pas séparément du λόγος, et par conséquent n'advient pas séparément de θεός, n'est pas non plus séparé, ainsi, de l'ἀλήθεια. Le « non » est celui qu'il dit au témoignage, au témoin qui témoigne pour lui-même comme à ceux qui ont témoigné (Jean qui baptisait) ou témoigneront jamais pour lui. Ce refus est seulement apparu en tant qu'il émane de la dimension d'où provient aussi l'agir. Mais lorsqu'il se tient sous une telle « volonté », de quoi ὁ κόσμος est-il le domaine ?

Dans son discours d'adieu le Christ reviendra à une telle volonté, à une telle opposition. Elle se déploie alors en tant que haine, la haine du monde pour le témoin et, par voie de conséquence, pour ceux qui le suivent (15, 18). Une telle haine sera comprise à partir de la provenance qui vaut en tant qu'appartenance. Le monde hait ceux qui ne viennent pas de lui : εἰ ἐκ τοῦ κόσμου ἦτε, ὁ κόσμος ἂν τὸ ἴδιον ἐφίλει. « Si vous étiez du monde, le monde aimerait ce qui lui est propre » (15, 19). Mais plusieurs difficultés apparaissent : en quel sens le monde pourrait-il être ou devenir une provenance ? En quel sens le λόγος pouvait-il, venu dans le monde, être venu « dans son propre », εἰς τὰ ἴδια (1, 10), quel que soit le sens, controversé, d'un tel propre, alors qu'à présent c'est bien lui, le Christ, que le monde « a haï en tout premier lieu » (Εἰ ὁ κόσμος ὑμᾶς μισεῖ, γινώσκετε ὅτι ἐμὲ πρῶτον ὑμῶν μεμίσηκεν. « Si le monde vous hait, sachez qu'il m'a haï, moi le premier avant vous », 15, 18), et alors que le monde aime ce qui lui est propre ? Commençons par la seconde. Elle est l'occasion de préciser un tel rapport du propre à celui dont il est un propre : est propre à quelqu'un cela qui provient de lui, dans un rapport asymétrique. Lorsque le λόγος vient dans son propre, il vient dans ce qui est par lui et, dans cette mesure, lui appartient, alors que « vous » n'appartenez pas au monde car vous n'en provenez pas : ὅτι δὲ ἐκ τοῦ κόσμου οὐκ ἐστέ, ἀλλ᾽ ἐγὼ ἐξελεξάμην ὑμᾶς ἐκ τοῦ κόσμου, διὰ τοῦτο μισεῖ ὑμᾶς ὁ κόσμος. « Parce que vous n'êtes pas du monde, mais que moi je vous ai choisis en vous ôtant du monde, pour cela le monde vous hait » (15, 19). Le monde hait ceux qui sont enlevés à lui-même (non à leur origine, mais à la tentative du monde de devenir lui-même provenance) et tournés vers une autre provenance, dans un renversement que Maître Eckhart comparera à la foudre [1]. La haine que le monde porte et portera à ceux qui suivent le témoin est dérivée de cette haine première pour celui qui ne provient pas de lui, mais dont le monde provient. Haine « sans raison » (ἐμίσησάν με δωρεάν, « ils m'ont haï sans raison », 15, 25), puisqu'elle est tournée contre l'amour, mais qui a pour foyer ce renversement de la provenance, ou plutôt, décisivement, la tentative pour le monde d'être lui-même provenance : *car, provenance, il ne le fut jamais.* Κόσμος n'était justement pas le nom d'une origine, d'une source, et il ne saurait par conséquent donner à présent le sens d'une appartenance que dans la mesure où de lui-même il se ferait source, contre sa propre provenance, qu'il n'est pas lui-même à lui-même. Désormais apparaît clairement une autre tournure de la négation, déjà pressentie : le monde est la source de la négation en tant que *révolte.* C'est contre un règne que le monde se retourne, c'est-à-dire contre une seigneurie.

1. Sermon 103, dans *Meister Eckhart, Die deutschen Werke, Predigten,* Bd. 4, 1, hrsgg. v. Georg Steer, Stuttgart, Kohlhammer, 2003, p. 488 ; trad. fr. G. Pfister dans *Sur la naissance de Dieu dans l'âme. Sermons 101-104,* Paris, Arfuyen, 2004, p. 110 : « Lorsque la foudre frappe, elle abat tout ce qui est là, quoi que ce soit. Et, qu'il s'agisse d'un arbre, d'un animal ou d'un homme, par son coup, elle le retourne vers elle. Un homme lui tournât-il le dos, en un instant la foudre le projette du côté du visage. Un arbre eût-il mille feuilles, chacune d'elles se retourne face à la direction du coup. Vois, il en advient de même à tous ceux qui sont touchés et frappés par cette naissance ; en chaque chose présente, voici qu'ils sont soudain retournés vers cette naissance ».

La négation de la manifestation, la négation de la vérité, la négation de l'amour, est aussi la négation de la royauté, de la seigneurie sous laquelle il se tenait. La haine est haine pour le Seigneur, comme l'indique en un détour Jésus lui-même : οὐκ ἔστιν δοῦλος μείζων τοῦ κυρίου αὐτοῦ. « Le serviteur n'est pas plus grand que son seigneur » (15, 20 : il s'agit non du monde mais de ceux qui suivent et servent Jésus, et que le monde détestera). C'est contre un κυρίος venant chez lui, venant dans ce qui vient de lui, que le monde s'insurge, contre son règne, qui pourrait bien donner le sens, à présent, de ce que le témoin, qui est Seigneur, et qui en tant que tel laissera après lui s'ouvrir son règne, appelle lui-même, en tant qu'il le laisse, εἰρήνη, « paix ». Εἰρήνη est le nom d'une certaine forme de règne, le règne d'un Seigneur absent et pourtant présent, le règne laissé par lui. Mais pour le Seigneur venir *dans* son domaine voulait dire : venir *pour* lui, et par conséquent, dans la langue de l'évangile : ἀγαπᾶν. La seigneurie d'un tel κυρίος était ainsi très singulière, puisqu'elle venait et se déployait originairement sur un plan dont le jugement était absent, seule la rébellion ouvrant la dimension séparatrice de la κρίσις : celui qui est jugé est toujours celui qui se livre au jugement. C'est bien là qu'est le centre de l'enseignement de Jésus dans Jean, dans ce lien, assurément difficile, entre la seigneurie et l'amour. Non seulement le « nouveau commandement » est celui de l'ἀγάπη, mais « commander » est en lui-même « aimer », et suivre le commandement, en tant que tel, ne veut rien dire d'autre qu'aimer et être aimé, ou être « ami ». Jésus le dit au lieu même où il donne le

commandement, ἐντολή (15, 12) : ὑμεῖς φίλοι μού ἐστε
ἐὰν ποιῆτε ἃ ἐγὼ ἐντέλλομαι ὑμῖν. « Vous, vous êtes
mes amis si vous faites ce que, moi, je vous commande »
(15, 14). Cela ne veut pas dire que celui qui sert ou obéit
serait en tant que tel, en tant que serviteur, « ami » :
mais plutôt que celui qui fait ce qui est commandé par
ce Seigneur-là doit être dit ami *et non plus serviteur*,
comme le Christ s'en explique : οὐκέτι λέγω ὑμᾶς
δούλους, ὅτι ὁ δοῦλος οὐκ οἶδεν τί ποιεῖ αὐτοῦ ὁ κύριος·
ὑμᾶς δὲ εἴρηκα φίλους, ὅτι πάντα ἃ ἤκουσα παρὰ τοῦ
πατρός μου ἐγνώρισα ὑμῖν. « Je ne vous appelle plus
serviteurs, parce que le serviteur ne sait pas ce que fait
son seigneur : je vous ai appelés amis, parce que je vous
ai fait connaître tout ce que j'ai entendu de mon Père »
(15, 15). C'est dans cette mesure que le commandement
pourra lui-même recevoir pour contenu l'amour – dans
la mesure où le « nouveau commandement » est
commandement en un nouveau sens du « commander » :
être Seigneur a déjà le sens d'aimer, comme venir dans
le monde avait lui-même déjà le sens d'aimer[1]. Et si le
Seigneur est en tant que Seigneur celui qui aime, si ceux

1. Pour le sens de la seigneurie, le lavement des pieds est le récit
décisif (13, 1-20). Pour un commentaire exégétique, on se reportera à
R. Schnackenburg (*Das Johannesevangelium, op. cit.*, III. Teil, p. 6 *sq.*),
R. Bultmann (*Das Evangelium des Johannes, op. cit.*, p. 351 *sq.*) et,
parmi les études récentes, Jean Zumstein, *L'Évangile selon saint Jean*,
II (13-21), Genève, Labor et Fides, 2007, p. 17 *sq.* Pour un commentaire
théologique, à Joseph Ratzinger, *Jesus von Nazareth. Beiträge zur
Christologie*, E. Teilband, *Gesammelte Schriften*, Bd. 6/1, Freiburg-
Basel-Wien, Herder, 2013, « Vom Einzug in Jerusalem bis zur
Auferstehung », chap. 3, « Die Fußwaschung », p. 459 *sq.* (*Jésus de
Nazareth. La figure et le message*, trad. fr. S. Garoche, *Opera omnia*,
Paris, Parole et silence, 2017, IIᵉ partie, chap. 17, p. 435 *sq.*).

qui le suivent doivent être dits, en tant que tels, amis, la raison en est très précisément indiquée : *le Seigneur et ses amis se tiennent dans la manifestation*, autrement dit dans le témoignage, autrement dit encore : dans l'ἀλήθεια. L'ἀλήθεια seule ouvre la dimension du φιλεῖν. C'est la manifestation qui aura ainsi accompli le choix : οὐχ ὑμεῖς με ἐξελέξασθε, ἀλλ᾽ ἐγὼ ἐξελεξάμην ὑμᾶς καὶ ἔθηκα ὑμᾶς. « Ce n'est pas vous qui m'avez choisi, c'est moi qui vous ai choisis et institués » (15, 16). Seule la manifestation, le témoin qui est lui-même l'ἀλήθεια, élit et institue, c'est-à-dire découvre la dimension du φιλεῖν. Ce qui veut dire que la manifestation est l'auto-institution de l'amour, puisque venir, se manifester, était déjà aimer. « Haine » n'est rien d'autre ainsi que la réponse du monde à une telle auto-institution qui avait pourtant compris le monde en elle, puisque ὁ κόσμος était lui-même aimé. Dans cette révolte, le δοῦλος refuse d'être l'ami du Seigneur. *Il se tient alors sous un tout autre commandement*, dans une allégeance qui n'a plus rien à voir avec le nouveau commandement, ni dans son contenu, ni dans le sens nouveau que celui-ci donnait au κυρίος. Le monde dans ce refus obéira à un autre seigneur, dont le règne sera tout autre. Le monde deviendra, dans l'évangile lui-même, un tout autre domaine, celui dont le Seigneur sera rejeté, qui pourtant ne le quittera pas sans laisser une nouvelle forme de son règne, l'étendue qui s'appelle εἰρήνη. En être rejeté ne voudra pas dire qu'il l'abandonne : dans la langue sobre des verbes johanniques, il « s'en ira » mais « laissera », c'est-à-dire « restera ». Le Seigneur ne sera plus jamais absent, fût-ce de ce domaine qui n'a pas « connu » sa présence, et qu'en un sens il ne quittera plus.

Quel est cependant cet autre domaine, quel est cet autre commandement, sous lequel le monde se tient ? Lorsqu'il s'adressera à son Père, Jésus reviendra sur le monde et la manifestation. La manifestation fut dès son principe *manifestation au monde*. Les frères de Jésus la lui avaient demandé très tôt, avant que le καίρος ne fût venu : φανέρωσον σεαυτὸν τῷ κόσμῳ. « Manifeste-toi au monde », et Jésus avait répondu : ὁ καιρὸς ὁ ἐμὸς οὔπω πάρεστιν, ὁ δὲ καιρὸς ὁ ὑμέτερος πάντοτέ ἐστιν ἕτοιμος. « Mon temps n'est pas encore là, votre temps, à vous, est toujours favorable » (7, 4-6). Lorsqu'il revient, à la fin, sur tout ce qui s'est passé, sur cette manifestation-là, qui n'est que la manifestation de celui qui l'a envoyé et que personne n'a jamais vu, il distingue dans le monde ceux qu'il a choisis, ou plutôt ceux que son Père lui-même a choisis :Ἐφανέρωσά σου τὸ ὄνομα τοῖς ἀνθρώποις οὓς ἔδωκάς μοι ἐκ τοῦ κόσμου. « J'ai manifesté ton nom aux hommes que tu m'as donnés, ceux que tu as enlevés du monde » (17, 6). « Dans le monde », pourtant, ceux-là n'étaient pas du monde, σοὶ ἦσαν, « ils étaient à toi », ce qui est la marque du propre. Le monde n'est pas et ne fut jamais la provenance de ces hommes : il ne deviendra, pour d'autres, le domaine d'une allégeance, que par le refus de la provenance qui s'appelle θεός, qui est aussi le refus de celui qui vient, et par conséquent le refus de celui qui l'a envoyé (puisque, dans Jean, refuser l'émissaire est refuser celui qui l'envoie, refuser le témoin est refuser celui auquel il rend témoignage). De tels hommes alors tombent dans une autre appartenance. Mais c'est qu'alors le monde est devenu l'autre domaine, non plus celui qui est à sauver, mais celui dont il faut les sauver. Comment comprendre que l'amour qui allait au monde ait enlevé du monde ceux qui ne lui appartenaient pas, ne lui ont jamais appartenu ? Lui-même, refusé, est devenu le combat avec le monde. Voilà peut-être le plus singulier et le plus frappant, que l'amour soit devenu un combat, et que la paix soit elle-même alors la fin du combat : Ταῦτα λελάληκα ὑμῖν ἵνα ἐν ἐμοὶ εἰρήνην ἔχητε. ἐν τῷ κόσμῳ θλῖψιν ἔχετε· ἀλλὰ θαρσεῖτε, ἐγὼ νενίκηκα τὸν κόσμον. « Je vous ai parlé ainsi pour que vous ayez la paix en moi. Dans le monde vous connaissez la détresse ; mais courage ! Moi, j'ai vaincu le monde » (16, 33). Celui qui devait être « sauvé » est à la fin « vaincu », et les hommes sont sauvés de lui, car son domaine, dans le refus qu'il a opposé à la manifestation, a changé de sens. Il est resté le domaine dans lequel le témoin est venu, et celui qu'étrangement il a déjà quitté lorsqu'il est près de mourir (καὶ οὐκέτι εἰμὶ ἐν τῷ κόσμῳ, καὶ αὐτοὶ ἐν τῷ κόσμῳ εἰσίν, « et je ne suis plus dans le monde, et eux sont dans le monde », 17, 11), mais en aucun cas il n'est celui de leur provenance : ces hommes-là sont devenus comme lui, le témoin : καὶ ὁ κόσμος ἐμίσησεν αὐτούς, ὅτι οὐκ εἰσὶν ἐκ τοῦ κόσμου καθὼς ἐγὼ οὐκ εἰμὶ ἐκ τοῦ κόσμου. « Et le monde les a haïs, parce qu'ils ne sont pas du monde, comme moi je ne suis pas du monde » (17, 14). Eux-mêmes sont

devenus les témoins : οὐκ ἐρωτῶ ἵνα ἄρῃς αὐτοὺς ἐκ
τοῦ κόσμου, ἀλλ᾽ ἵνα τηρήσῃς αὐτοὺς ἐκ τοῦ πονηροῦ.
« Je ne te demande pas les enlever du monde, mais de
les garder du Mauvais » (17, 15). Eux-mêmes restent
dans le monde, et le monde, ainsi, n'est jamais abandonné.
Mais s'ils restent dans le monde, ils lui sont pourtant
enlevés aussi : leur séjour devient singulier, ils restent
dans un domaine auxquels ils n'appartiennent pas, car
ils ont été discernés, et en ce sens, qui est leur sens
d'être, séparés du monde, puisqu'ils ont « reconnu »
(ἔγνωσαν) que le témoin était l'envoyé, alors que le
monde n'a pas « reconnu » ou « connu » le Père (καὶ ὁ
κόσμος σε οὐκ ἔγνω. « Et le monde ne t'a pas reconnu »,
17, 25). Ils sont là, passagers, sur un mode détaché du
monde, une fois pour toutes enlevés à lui, c'est-à-dire
à son règne. Car le refus par lequel le monde a dit non
à la manifestation est ce qui l'a institué lui-même en
règne. Il y a une contre-institution du monde, qui nie
l'auto-institution de l'amour. L'ouverture de ce règne
est aussi, non sans ambiguïté, l'institution d'un prince
qui fait face au κυρίος. Qui est ce prince ? Est-il lui-
même du monde ? Cet autre prince, lui aussi, connaît
une venue. Dans l'évangile de Jean, le monde est le
domaine de trois venues, trois venues dont les deux
premières au moins sont royales, princières ou
seigneuriales : celle du témoin envoyé par le Père, celle
du prince de ce monde, celle du défenseur. Le prince
de ce monde viendra lorsque le témoin s'en ira. Celui-ci
commence, à la fin de l'évangile, par s'éloigner, par se
retirer dans le silence : Οὐκέτι πολλὰ λαλήσω μεθ᾽ ὑμῶν,

ἔρχεται γὰρ ὁ τοῦ κόσμου ἄρχων. « Je ne parlerai plus guère avec vous, car le prince du monde vient » (14, 30). (Dans son discours d'adieu, Jésus parlera aux disciples comme s'il n'était déjà plus là). Nous ne savons pas encore quelle est l'essence d'une telle ἀρχή, d'un tel « commandement », sinon qu'il va contre la nouvelle ἐντολή, et qu'il lui est radicalement étranger : καὶ ἐν ἐμοὶ οὐκ ἔχει οὐδέν. « Et il n'a rien en moi qui lui appartienne » (14, 30)[1]. Qu'il règne sur le monde ne veut pas dire que le monde lui appartienne originairement, sinon le monde ne pourrait jamais être le théâtre du combat qu'est devenu l'amour, c'est-à-dire le théâtre du jugement que cette rébellion a ouvert, un combat et un jugement qui chasseront le prince hors du monde (un tel jugement est aussi le jugement du monde en tant que domaine d'un tel prince, et là est l'ambiguïté, désormais, du sens du monde : νῦν κρίσις ἐστὶν τοῦ κόσμου τούτου, νῦν ὁ ἄρχων τοῦ κόσμου τούτου ἐκβληθήσεται ἔξω. « C'est maintenant le jugement de ce monde, c'est maintenant que le prince de ce monde sera chassé au-dehors », 12, 31). Le jugement, qui en un sens aura déjà eu lieu, sera accompli avec la venue du défenseur (Καὶ ἐλθὼν ἐκεῖνος ἐλέγξει τὸν κόσμον περὶ ἁμαρτίας καὶ περὶ δικαιοσύνης καὶ περὶ κρίσεως· [...] περὶ δὲ κρίσεως, ὅτι ὁ ἄρχων τοῦ κόσμου τούτου κέκριται. « Et lorsque celui-là sera venu, il convaincra le monde touchant le péché, touchant la justice et touchant le jugement ; ... touchant le jugement, parce que le prince de ce monde est jugé », 16, 8-11). Il y aura un

---

1. « Sur moi, il n'a aucun pouvoir » (*Bible de Jérusalem*).

autre témoin, qui sera πνεῦμα, ὁ παράκλητος, contre
cet ἄρχων. Ce qui veut dire à nouveau : vous ne serez
pas seuls, même lorsque « vous ne me verrez plus »
(οὐκέτι θεωρεῖτέ με, 16, 10). La royauté de ce prince
est déjà renversée, dès « maintenant », νῦν, et elle le
sera : dans les termes étranges de Jean, c'est
« maintenant » qu'elle le « sera ». Le jugement a déjà
commencé, le chemin vers le jugement est ouvert. Il est
très remarquable que, dans tous les passages qui en
évoquent le règne, le prince soit, à la fois, celui qui *vient*
(ἔρχεται), celui qui est *déjà jugé* (κέκριται), et celui qui
« *sera* chassé au-dehors » (ἐκβληθήσεται ἔξω). Son
règne est à venir, et pourtant dans son principe il a déjà
pris fin, puisqu'il est vaincu. Le combat a déjà mis fin
à son règne, et dans cette mesure pourra s'ouvrir l'autre
règne, dans cette mesure le témoin pourra « laisser » la
paix. Le règne de la paix sera, est déjà le règne du
défenseur, le règne de πνεῦμα. Mais à nouveau cela
veut dire que jamais ὁ κόσμος ne fut abandonné :
ὁ κόσμος est appelé à devenir le domaine de la paix.

À présent, les dimensions du temps se recouvrent.
Ce recouvrement est celui d'un accomplissement. La
venue dans le monde du témoin et sa mort, imminente,
ont à présent, dans le recueillement, l'intensité de ce
νῦν, déjà accompli la mission, c'est-à-dire le témoignage,
et lorsqu'il parle aux siens pour la dernière fois, dans
cet adieu l'heure attendue est venue, l'événement est
déjà en train d'advenir. Le νῦν est celui de l'accomplissement unique, une fois pour la totalité du temps. Le
prince du monde viendra, mais « à présent » il est déjà

renversé. L'heure de l'adieu concentre en elle tout le temps : Jésus parle de l'œuvre déjà accomplie, il a déjà quitté le monde, il n'est plus là (καὶ οὐκέτι εἰμὶ ἐν τῷ κόσμῳ, « et je ne suis plus dans le monde », 17, 11), il retourne à celui qui l'a envoyé, qui l'a « aimé » avant que le monde n'ait même commencé, « avant la fondation du monde » (πρὸ καταβολῆς κόσμου, 17, 24). Que cet amour ait précédé le monde indique la même asymétrie que celle, initiale, d'une venue dans le monde qui était, s'agissant de la lumière, venue en son propre, venue dans celui qui était « par elle ».

« Tu m'as aimé », ἠγάπησάς με, dit le témoin à celui qui l'a envoyé, le Père. À la fin de l'évangile Jésus ne posera à Pierre aucune autre question : ἀγαπᾷς με πλέον τούτων ; […] ἀγαπᾷς με ; et une troisième fois, autrement : φιλεῖς με ; (« M'aimes-tu plus que ceux-ci ? » […] « M'aimes-tu ? »… « M'aimes-tu ? », 21, 15-17). Singulière insistance dans une question dont le verbe d'ailleurs se déplace avec la réponse de Pierre, qui à chaque fois fut : φιλῶ σε, « je t'aime », « je suis ton ami ». Mais Jésus lui-même avait déjà utilisé le mot, s'agissant du Père et du Fils (ὁ γὰρ πατὴρ φιλεῖ τὸν υἱόν, « car le Père aime le Fils », 5, 20), s'agissant du Père et de « vous » (αὐτὸς γὰρ ὁ πατὴρ φιλεῖ ὑμᾶς, « car le Père lui-même vous aime », 16, 27). Cette question porte sur la possibilité d'ἀγάπη, la possibilité de φιλεῖν dans le domaine du monde, le domaine qui a refusé le témoin, qui n'a pas reçu son témoignage, le domaine de la négation de l'amour. Le monde peut-il devenir le domaine d'ἀγάπη ? Le domaine de la négation a lui-même été renversé, le règne en a été inversé, le prince a été vaincu : ce renversement fut accompli, ne cesse de s'accomplir dans le témoignage, qui survit au témoin, et s'accomplira avec πνεῦμα, qui ouvrira un chemin « dans la vérité tout entière » (ὅταν δὲ ἔλθη ἐκεῖνος, τὸ πνεῦμα τῆς ἀληθείας, ὁδηγήσει ὑμᾶς ἐν τῇ ἀληθείᾳ πάσῃ. « Quand celui-là, l'Esprit de vérité, sera venu, il vous conduira dans la vérité tout entière », 16, 13). Le monde est le domaine de la manifestation, le domaine d'ἀλήθεια. Si le témoin est venu mourir dans le monde, et si par conséquent il le quitte, n'est déjà plus de ce monde, en quittant celui-ci il ne l'a pas abandonné, car il a laissé quelque chose, la modification de la présence pour tout ce qui vient en présence, l'étendue qui s'appelle πνεῦμα. Le monde, qui est le domaine de θλῖψις, l'« oppression » ou la « détresse » (16, 33), est devenu aussi le domaine de la paix.

CHAPITRE III

ESPRIT

Πνεῦμα, « esprit »[1], indique dans l'évangile de Jean une présence déconcertante. Il ne s'agira ici, comme nous l'avons fait pour le témoin et le monde de son témoignage, que d'en recueillir quelques marques, quelques traits la restituant surtout à son étrangeté, peut-être dissimulée, devenue lointaine. Πνεῦμα est-il ou indique-t-il la présence de quelqu'un, est-il même présence ou lui-même présent, au sens où toutes choses, où tout homme, viennent en présence, apparaît-il lui-même, est-il possible de lui reconnaître une ipséité qu'il y aurait lieu de dire personnelle ? *Qui est l'esprit ?* La question personnelle a-t-elle même un sens ? Pouvoir la poser, elle qui pourrait devenir la question décisive, sans doute serait déjà y répondre.

Dans le livre de Jean, πνεῦμα est nommé dès le commencement, et reviendra jusqu'à la fin, et même au-delà du livre, puisque sa venue restera future. Πνεῦμα sera à la fin encore à venir, une telle dimension du futur lui demeurant sans doute essentielle. Regardons de plus près. Lorsque l'esprit apparaît pour la première fois,

---

1. Nous n'apposerons la majuscule à « esprit » que dans les expressions johanniques « Esprit saint » et « Esprit de vérité ». Dans la traduction de la Bible, nous suivons sur ce point la *Bible de Jérusalem*.

c'est en tant que signe de reconnaissance. Loin d'être l'inapparent, l'esprit n'est pas seulement celui qui est vu, il est celui dont l'apparition sous le regard de Jean le Baptiste est signe ou marque d'une autre présence, dont il atteste l'authenticité. Πνεῦμα est celui qui, apparaissant, venant en présence en descendant à partir de sa provenance dans la hauteur (« d'en haut » et « de l'esprit » formeront plus loin une seule provenance), ouvrira, rendra alors possible le témoignage du témoin. Le signe est vu, et par lui celui qu'il indique est reconnu comme celui qu'il est, le Fils. Lorsqu'il apparaît πνεῦμα apparaît en tant qu'envoyé, comme lui-même, Jean, est envoyé pour baptiser, et lorsqu'il donne à celui-ci, en désignant le Fils, de pouvoir témoigner, c'est en attestant que celui que Jean voit est lui-même l'envoyé. L'envoi de l'esprit atteste à un envoyé un autre envoi : tous sont envoyés et, pour le témoin, πνεῦμα est le signe de reconnaissance. Et tous, dans Jean, témoignant les uns pour les autres, un seul témoignant pour lui-même, témoignent de celui que personne n'a jamais vu (Θεὸν οὐδεὶς ἑώρακεν πώποτε, « Dieu, personne ne l'a jamais vu », 1,18), qui pourtant lui aussi en un sens a rendu témoignage, par ce qui fut écrit avant la venue de l'envoyé. Il n'y a que des témoins, qui sont autant d'envoyés. L'esprit est le témoin témoignant pour le témoin, Jean, de la présence du témoin authentique, puisque le Christ, le Fils lui aussi sera dit témoin du Père, selon la logique johannique du témoignage, qui est un cercle, le témoin témoignant toujours pour le témoin : Καὶ ἐμαρτύρησεν Ἰωάννης λέγων ὅτι τεθέαμαι

τὸ πνεῦμα καταβαῖνον ὡς περιστερὰν ἐξ οὐρανοῦ καὶ
ἔμεινεν ἐπ' αὐτόν. κἀγὼ οὐκ ᾔδειν αὐτόν, ἀλλ' ὁ πέμψας
με βαπτίζειν ἐν ὕδατι ἐκεῖνός μοι εἶπεν·ἐφ' ὃν ἂν ἴδῃς
τὸ πνεῦμα καταβαῖνον καὶ μένον ἐπ' αὐτόν, οὗτός ἐστιν
ὁ βαπτίζων ἐν πνεύματι ἁγίῳ. κἀγὼ ἑώρακα καὶ
μεμαρτύρηκα ὅτι οὗτός ἐστιν ὁ υἱὸς τοῦ θεοῦ. « Et Jean
rendit témoignage en disant : J'ai vu l'Esprit descendre
comme une colombe venant du ciel, et il est demeuré
sur lui. Et moi, je ne le connaissais pas, mais celui qui
m'a envoyé baptiser dans l'eau, celui-là m'a dit : "Celui
sur qui tu verras descendre et demeurer l'Esprit, c'est
lui qui baptise dans l'Esprit saint". Et moi je l'ai vu, et
j'ai rendu témoignage que celui-ci est le Fils de Dieu »
(1, 32-34). Dans cette mesure, c'est dans le témoignage,
de part en part, que l'esprit apparaît : lui-même témoin,
il est cependant l'ouverture du témoignage pour le Fils.
Il ouvre le domaine d'apparaître du Fils en tant que Fils,
autrement dit encore le domaine de sa reconnaissance
comme domaine du témoignage, il est la lumière, l'aura
dans laquelle le Fils apparaît en tant que lui-même.
L'esprit est celui par lequel ὁ κόσμος, qui ne reconnaîtra
pas le témoin (καὶ ὁ κόσμος αὐτὸν οὐκ ἔγνω, « et le
monde ne l'a pas reconnu », 1, 10), pourra cependant
devenir le domaine de son témoignage, et même, lui
qui ne l'accueille pas, demeurer son unique domaine,
celui auquel le témoin, tous les témoins sont envoyés.
Tout envoi dans Jean est envoi dans le monde et auprès
du monde, envoi au monde. Le premier trait de cette
présence qui s'appelle πνεῦμα est ainsi, non d'apparaître
seulement, mais de montrer. L'apparaître de l'esprit a

le sens d'un montrer, sa manifestation est un signe par
lequel un autre que lui-même (d'une altérité qui cependant
n'est pas si lointaine qu'elle interdirait qu'il en fût le
signe) entre en présence. Et ce trait initial de l'esprit
dans sa première apparition johannique ne va pas sans
que l'un des verbes les plus énigmatiques de Jean n'en
accompagne immédiatement la manifestation. Ce verbe
est μένειν, « rester » : ἔμεινεν ἐπ' αὐτόν, μένον ἐπ' αὐτόν.
Sans doute, si nous pouvions accéder au sens d'un tel
« rester » ou « demeurer », le sens de πνεῦμα
s'éclairerait-il d'une façon décisive. Il est le verbe même
de cette présence dont nous recherchons le sens, le verbe
qui recueille son déploiement. L'esprit est celui ou cela
qui reste. De façon au moins troublante, ce même verbe
à la fin reviendra dans la réponse du Christ à la question
de Pierre au sujet du disciple aimé (21, 21-22) : τοῦτον
οὖν ἰδὼν ὁ Πέτρος λέγει τῷ Ἰησοῦ· κύριε, οὗτος δὲ τί;
λέγει αὐτῷ ὁ Ἰησοῦς· ἐὰν αὐτὸν θέλω μένειν ἕως ἔρχομαι,
τί πρὸς σέ; σύ μοι ἀκολούθει. « Pierre, qui l'avait donc
vu, dit à Jésus : "Seigneur, et lui?" Jésus lui dit : "Si je
veux qu'il reste jusqu'à ce que je vienne, en quoi cela
te regarde-t-il? Toi, suis-moi" ». Le disciple « reste »
comme l'esprit « reste », signe d'attente alors et non
pas, comme le fut l'esprit, de reconnaissance. Or
« rester » n'a de sens que par rapport, non seulement à
un départ, mais à une venue. Car dès le commencement
l'esprit était marque apposée sur celui qui est venu : Τῇ
ἐπαύριον βλέπει τὸν Ἰησοῦν ἐρχόμενον πρὸς αὐτόν.
« Le lendemain, il voit Jésus qui vient à lui » (1, 29).
Et le disciple à la fin « reste » jusqu'à ce que le Christ

vienne. Pour nous, cela veut dire que « rester » indique une présence qui renvoie à une autre, qu'elle authentifie dans un cas, qu'elle attend dans l'autre. Pour le disciple, si « rester » veut dire attendre et garder jusqu'à une venue, c'est qu'il est le témoin. Il reste dans la mesure où il témoigne, et il témoigne dans la mesure où il écrit : Οὗτός ἐστιν ὁ μαθητὴς ὁ μαρτυρῶν περὶ τούτων καὶ ὁ γράψας ταῦτα, καὶ οἴδαμεν ὅτι ἀληθὴς αὐτοῦ ἡ μαρτυρία ἐστίν. « C'est ce disciple qui rend témoignage au sujet de ces choses et qui les a écrites, et nous savons que son témoignage est vrai » (21, 24). Selon le premier trait ainsi, l'esprit montre, mais « montrer », s'agissant de l'esprit, se dit « rester », « rester sur » – alors que, d'autre part, Jean construira volontiers le « rester » comme « rester dans », μένειν ἐν (« rester dans le Christ »). Le « rester » des disciples pourrait bien lui-même appartenir au déploiement de πνεῦμα, celui qui fut transmis par le Christ lorsqu'il les a envoyés (20, 22 : καὶ τοῦτο εἰπὼν ἐνεφύσησεν καὶ λέγει αὐτοῖς· λάβετε πνεῦμα ἅγιον. « Et, ayant dit ces mots, il souffla et leur dit : "Recevez l'Esprit saint" » : alors πνεῦμα indique un pouvoir ou une force, celle de remettre les péchés ou de ne pas les remettre). « Rester » pour le disciple est rester dans la mission pour laquelle il fut envoyé. Pourtant l'accomplissement de la mission, et par conséquent du sens dans lequel l'esprit est reçu, sera aussi indiqué par l'autre verbe, celui dont l'impératif est adressé à Pierre, « suivre » (σύ μοι ἀκολούθει. « Toi, suis-moi », 21, 22). « Suivre » et « rester » sont les deux verbes de l'accomplissement spirituel final de l'évangile

de Jean, l'accomplissement de l'esprit dans le disciple,
selon deux possibilités qui doivent nécessairement être
pensées l'une par rapport à l'autre (selon, exactement,
l'opposition : « Je veux qu'il reste… Toi, suis-moi »).

Mais la première apparition de l'esprit ne nous livre
pas seulement le verbe ou l'un des verbes de sa présence.
Elle indique aussi l'esprit comme l'élément dans lequel
advient désormais l'acte étrange qui s'appelle βαπτίζειν :
οὗτός ἐστιν ὁ βαπτίζων ἐν πνεύματι ἁγίῳ. « C'est lui
qui baptise dans l'Esprit saint » (1, 33). Acte tout à fait
singulier, puisque Jean, sur le mode du précurseur (qui
tient de cet acte son nom : ἐγὼ βαπτίζω ἐν ὕδατι. « Moi,
je baptise dans l'eau », 1, 26), lui aussi témoigne, mais
pour un qui viendra après lui ; reste à savoir si son acte
est lui-même tout entier l'essence de son témoignage :
du moins accomplit-il avec cet acte le sens de son être,
et par conséquent sa mission ou destination, comme le
manifeste le lien entre les deux questions : τίς εἶ ; ou :
τί λέγεις περὶ σεαυτοῦ ; « Qui es-tu ? » « Que dis-tu de
toi-même ? », et : τί οὖν βαπτίζεις ; « Pourquoi donc
baptises-tu ? », 1, 22 et 25), Jean, donc, pouvait accomplir
cet acte ἐν ὕδατι, alors que le Christ l'accomplira ἐν
πνεύματι. Quel est cet « acte » singulier qui peut être
accompli à la fois dans l'eau et dans l'esprit ? Que veut
dire « baptiser dans l'esprit » et de quel domaine, de
quel élément s'agit-il alors ? Car du moins ce trait indique-
t-il que l'esprit n'est pas seulement signe, mais en effet
le domaine dans lequel l'acte de baptiser est accompli
par celui qui se tient aussi en lui. En quel sens πνεῦμα

est-il le nom d'un domaine, comme θεός lui-même peut l'être ? Si un autre baptême est possible que celui de Jean le Baptiste, accompli ἐν ὕδατι, cet « acte » ἐν πνεύματι se laisse-t-il reconduire entièrement à son sens ? Ou bien quel est le geste qui portera le baptême spirituel ? Le baptême dans l'esprit n'est-il pas au fond le même événement par lequel l'esprit est reçu, avec son geste, celui du souffle (ἐνεφύσησεν), et les mots prononcés (λάβετε πνεῦμα ἅγιον, « recevez l'Esprit saint ») ? « Esprit » est alors le domaine dans lequel les disciples sont envoyés lorsqu'ils sont envoyés dans le monde, la dimension ou la présence qui les entoure, dans laquelle, se tenant dans le monde, ils se tiennent cependant en tant que témoins qui ne sont plus du monde, ont été enlevés au monde, mais une présence qui leur est d'abord elle-même transmise ou envoyée.

C'est en tant que domaine que l'esprit sera à nouveau nommé dans l'entretien avec Nicodème. Mais il sera là, de façon décisive, le domaine d'une naissance, d'une provenance, s'opposant à σάρξ et à la provenance qu'elle est elle-même (ἐκ τῆς σαρκός, 3, 6), mais alors en conjonction avec l'eau à laquelle nous venons de le voir s'opposer (ἐὰν μή τις γεννηθῇ ἐξ ὕδατος καὶ πνεύματος, « s'il ne naît d'eau et d'esprit », 3, 5), autrement dit selon la seconde naissance du baptême. En tant que naissance, qui veut dire appartenance (τὸ γεγεννημένον ἐκ τοῦ πνεύματος πνεῦμά ἐστιν. « Ce qui est né de l'esprit est esprit », 3, 6), il est à nouveau celui qui ouvre un domaine, donne accès à ce qui est appelé à présent τὴν βασιλείαν τοῦ θεοῦ, « le royaume de Dieu » (3, 5). À nouveau par conséquent πνεῦμα est la marque de la présence de θεός, celui par lequel la venue ou l'entrée dans le domaine de θεός est possible, dans son règne, tout opposé au règne du monde. Ce trait nous enseigne que si l'esprit est domaine, c'est justement au sens d'une appartenance, et qu'ainsi il pourra s'étendre dans le domaine même du monde, comme redoublant et renversant celui-ci, extension en celui-ci d'une appartenance autre que le monde. Il n'est pas le domaine imperceptible, tout au contraire il apparaît, du moins au regard qui lui-même lui appartiendra, comme lui-même fut signe du Fils. Mais il s'étend et s'ouvre partout, selon la liberté absolue qu'il faut lui reconnaître. Le Christ dans l'entretien avec le maître en Israël aura alors les paroles les plus énigmatiques concernant πνεῦμα : τὸ πνεῦμα ὅπου θέλει πνεῖ, καὶ τὴν φωνὴν αὐτοῦ ἀκούεις, ἀλλ' οὐκ οἶδας πόθεν ἔρχεται καὶ ποῦ ὑπάγει· οὕτως ἐστὶν πᾶς ὁ γεγεννημένος ἐκ τοῦ πνεύματος (3, 8). La traduction est aussi la plus difficile : « L'esprit souffle où il veut, et tu entends sa voix, mais tu ne sais ni d'où il vient, ni où il va : il en est ainsi de tout homme né de l'esprit ». Maître Eckhart de son côté avait traduit le plus exactement, c'est-à-dire le plus étrangement : *der geist geistet, dâ er wil* (Sermon 103 [1]). Et il avait

---

1. *Sîn stimme hoerest dû und dû enweist, wannen er kumet oder war er vert. Meister Eckhart, Die deutschen Werke, Predigten*, Bd. 4, 1, *op. cit.*, p. 486 ; *Sur la naissance de Dieu dans l'âme. Sermons 101-104, op. cit.*, p. 106. Au contraire Luther traduit : *Der Wind bläst, wo er will, und du hörst sein Sausen wohl ; aber du weißt nicht, woher er kommt und wohin er fährt.*

commenté : « La perception n'est pas en ton pouvoir, mais dans le sien, autant qu'il lui convient. Il peut se montrer, s'il le veut, et se cacher, s'il le veut ». L'esprit se déploie comme esprit, déploie son être d'esprit : le redoublement du sujet par le verbe doit indiquer la liberté pure d'une activité qui n'est pas différente de son être, de celui qu'il est, qui est le pur déploiement libre de lui-même, *der geist geistet*. *Geist* n'est pas ce qui se manifeste, il est, comme Hegel y insistera encore, la manifestation elle-même. Car ce déploiement est libre manifestation ou libre donation : à chaque fois tu le reçois, mais tu n'as pas de pouvoir sur lui, c'est lui qui veut, et une telle volonté, dans le texte de Jean, est volonté de soi, puisqu'elle est volonté du déploiement de soi dans le verbe de l'esprit. Lui qui est provenance pour toi dans l'acte mystérieux du baptême, tu ne sais rien de sa provenance (πόθεν), ni de sa destination (ποῦ) : tu ne connais pas sa volonté. Venue et départ de l'esprit ne peuvent être rejoints. Mais alors celui qui en provient, autrement dit provient d'en haut (ἐὰν μή τις γεννηθῇ ἄνωθεν, οὐ δύναται ἰδεῖν τὴν βασιλείαν τοῦ θεοῦ. « Personne ne peut voir le royaume de Dieu, s'il ne naît d'en haut », 3, 3), en quelle mesure partage-t-il la liberté de l'esprit ? Comment comprendre le οὕτως ἐστὶν, « il en est ainsi » ? Est-il celui qui entend, celui qui ne sait ni l'origine ni la destination, comparable à celui qui entend le vent ? Il n'est pas l'esprit, mais celui qui se tient dans le domaine de l'esprit, de la volonté de l'esprit, du déploiement absolument libre, le domaine de la liberté pure. Se tenir dans cette pure liberté, est-ce être libre? S'y tenir, cela veut dire naître de lui, à chaque instant, dans l'instant. S'y tenir, cela veut dire le « recevoir », λαμβάνειν, qui est aussi le verbe selon lequel le témoignage est lui-même « reçu », dont la logique johannique sera indiquée plus loin par Jean le Baptiste (οὐ δύναται ἄνθρωπος λαμβάνειν οὐδὲ ἓν ἐὰν μὴ ᾖ δεδομένον αὐτῷ ἐκ τοῦ οὐρανοῦ, 3, 27; dans la traduction de Luther : *Ein Mensch kann nichts nehmen, es werde ihm denn gegeben vom Himmel*. Lemaître de Sacy écrit de son côté : « L'homme ne peut rien recevoir, s'il ne lui a été donné du ciel »). Le libre apparaître de l'esprit, s'il est la seconde naissance pour celui qui le reçoit, lui-même provenance pour toi, mais toi-même ne pouvant savoir sa provenance, ouvre, dans Jean, le troisième trait de πνεῦμα (après le signe comme « montrer » et le domaine, opposé à σάρξ, d'une nouvelle provenance, d'une seconde naissance), la dimension du don ou de la donation. La logique du « recevoir » l'indique déjà avec précision, et Jean le Baptiste en prononce déjà alors le mot, et à nouveau plus loin, dans une parole cependant difficile à traduire. Il s'agira alors de « celui qui vient d'en haut » (ἄνωθεν), qui « témoigne de ce qu'il a vu et entendu », et de son témoignage qui n'est pas reçu (ὃ ἑώρακεν καὶ ἤκουσεν τοῦτο μαρτυρεῖ, καὶ τὴν μαρτυρίαν αὐτοῦ οὐδεὶς λαμβάνει, « il rend témoignage de ce qu'il a vu et de ce qu'il a entendu, et personne ne reçoit son témoignage », 3, 32). Jean dit à ses disciples, lui demandant des explications sur cet autre qu'il a rencontré au-delà du Jourdain et qui a commencé à baptiser (mais plus loin il apparaîtra que

ESPRIT 73

Jésus lui-même ne baptise pas, seuls ses disciples baptisent, 4, 2) : ὃν γὰρ ἀπέστειλεν ὁ θεὸς τὰ ῥήματα τοῦ θεοῦ λαλεῖ, οὐ γὰρ ἐκ μέτρου δίδωσιν τὸ πνεῦμα. « Celui que Dieu a envoyé dit les paroles de Dieu, car c'est sans mesure qu'il donne l'esprit » (3, 34). L'esprit est ce qui est donné. Mais qui donne ici ? Luther traduit : *Denn welchen Gott gesandt hat, der redet Gottes Worte ; denn Gott gibt den Geist nicht nach dem Maß*[1]. Est-ce θεός qui donne, ou plutôt l'envoyé ? S'il s'agit de Dieu, alors « esprit » est donné à l'envoyé, en tant qu'il dit les paroles qui proviennent de θεός : le γὰρ indique justement un tel éclaircissement de la dimension spirituelle des paroles qui viennent de θεός, pour autant justement qu'elles ont une telle provenance, et par là de l'ampleur du don, qui n'a pas de mesure. Si celui qui donne est celui qui est envoyé, il donne à la mesure de son envoi : son envoi est lui-même sans mesure, il est envoyé pour donner l'esprit, il parle et c'est l'esprit qu'il donne lorsqu'il dit les paroles qui sont celles de θεός. Dans l'un ou l'autre sens paraîtra aller la suite, où il est dit que le Père aime le Fils et « a tout donné dans sa main » (ὁ πατὴρ ἀγαπᾷ τὸν υἱόν, καὶ πάντα δέδωκεν ἐν τῇ χειρὶ αὐτοῦ. « Le Père aime le Fils, et il

---

1. *Bible de Jérusalem* : « En effet, celui que Dieu a envoyé / prononce les paroles de Dieu, / car il ne mesure pas le don de l'Esprit ». *Traduction œcuménique de la Bible* : « En effet, celui que Dieu a envoyé dit les paroles de Dieu, qui lui donne l'Esprit sans mesure ». Lemaître de Sacy : « Celui que Dieu a envoyé ne dit que des paroles de Dieu ; parce que Dieu ne lui donne pas son esprit par mesure ».

a donné toutes choses en sa main », 3, 35) [1]. Quelle que
soit la compréhension retenue pour la provenance du
don, Dieu ou celui qu'il a envoyé, l'esprit est lui-même
le don, et ce don venant, de toute façon, ultimement de
θεός, c'est-à-dire du Père, selon deux possibilités
d'entendre le « sans mesure », n'est ni mesuré, réservé
ou retenu, ni commensurable avec tout ce qu'il est
possible de recevoir de cette autre provenance et autre
domaine évoqué par Jean le Baptiste et opposé à la
provenance d'en-haut, la terre (ὁ ὢν ἐκ τῆς γῆς ἐκ τῆς
γῆς ἐστιν καὶ ἐκ τῆς γῆς λαλεῖ, 3, 31. Mais à nouveau
cette parole est étrange : « Celui qui est de la terre – de
la terre est, et de la terre parle », ou, dans la traduction
de Lemaître de Sacy : « Celui qui tire son origine de la
terre est de la terre, et ses paroles tiennent de la terre » :
pourquoi un tel redoublement, qui assurément correspond
à ce qui précède : Ὁ ἄνωθεν ἐρχόμενος ἐπάνω πάντων
ἐστίν. « Celui qui est venu d'en haut est au-dessus de
tous » (3, 31), mais reste énigmatique en la répétition

1. Rudolf Schnackenburg (*Das Johannesevangelium, op. cit.*, I. Teil,
p. 399-400), citant Hermann Strack et Paul Billerbeck (*Kommentar zum
Neuen Testament aus Talmud und Midrasch*, München, Beck, 1922-1928,
rééd. 2009, ici Bd. I, p. 590 et Bd. II, p. 558), rappelle qu'« à l'arrière-
plan se trouve le principe juif selon lequel l'envoyé donne autant que
celui qui l'envoie », et qu'ainsi « celui qui envoie est ici parfaitement
un avec l'envoyé, en sorte que celui qui « voit » celui-ci « voit » aussi
celui-là (12, 45), celui qui entend les paroles de Jésus entend aussi les
paroles de Dieu ». Selon Schnackenburg, c'est Dieu qui au Fils donne
sans mesure, alors que l'esprit est mesuré aux prophètes (Strack-Billerbeck,
Bd. II, p. 431). Schnackenburg étudie aussi l'autre identification possible
du pronom personnel (celle d'Origène ou de Cyrille d'Alexandrie, où il
s'agit de l'envoyé), pleinement johannique, en l'écartant cependant ici,
où l'accent est placé sur les paroles du Fils en tant que paroles de Dieu.

de la provenance qu'il indique ?). Non seulement l'esprit est ce qui est donné, ce qui est reçu, mais tout ce qui est reçu de θεός, tout ce qui est donné par θεός, appartient à la dimension ou à la sphère de l'esprit. L'esprit est ainsi la donation elle-même, la dimension de la donation en laquelle se tient tout don d'en haut, et même tout don authentique, qui doit ainsi être dit pneumatique. Et c'est cette dimension qui est incommensurable avec tout ce qui est de la terre, du monde, de la chair, avec ces trois dimensions elles-mêmes (qui n'en font qu'une), alors même que le monde est bien celui qui reçoit (ou ne reçoit pas) le don à lui-même incommensurable.

C'est un tel « donner » qui sera alors immédiatement le centre de l'entretien qui suit avec la Samaritaine : δός μοι πεῖν. « Donne-moi à boire » (4, 7). Ce qui s'ouvre là, la description, dans le dialogue avec la femme de Samarie, du donner et de ce que lui, Jésus, donne, non pas de l'eau, mais l'eau qui est la source elle-même, c'est-à-dire la surabondance et le don lui-même (ἀλλὰ τὸ ὕδωρ ὃ δώσω αὐτῷ γενήσεται ἐν αὐτῷ πηγὴ ὕδατος ἁλλομένου εἰς ζωὴν αἰώνιον. « Mais l'eau que je lui donnerai deviendra en lui source d'une eau qui jaillira en vie éternelle », 4, 14), ira à son accomplissement le plus haut dans la révélation finale de l'entretien : πνεῦμα ὁ θεός, « Dieu est esprit » (4, 24), qui ne va pas sans la grande conjonction de πνεῦμα et ἀλήθεια : ἀλλ᾽ ἔρχεται ὥρα καὶ νῦν ἐστιν, ὅτε οἱ ἀληθινοὶ προσκυνηταὶ προσκυνήσουσιν τῷ πατρὶ ἐν πνεύματι καὶ ἀληθείᾳ. « Mais l'heure vient, et maintenant elle est là, où les vrais adorateurs adoreront le Père en esprit et en vérité » (4, 23). « Esprit » n'indiquait pas seulement la dimension du témoignage, et même toute la dimension de la manifestation : pour le Fils, pour Jean, pour le disciple. Il n'est pas seulement la dimension dans laquelle se tient tout ce qui est envoyé par ὁ θεός. Mais ὁ θεός lui-même est esprit : non pas seulement ce qu'il donne, non pas seulement ce qui est reçu, mais celui qui donne, voilà qui est πνεῦμα. *« Esprit » est le nom de la source qui se donne elle-même* : il donne ce qu'il est lui-même. Si Dieu est esprit, c'est selon cette dimension du don qui n'a pas de mesure sur la terre ni de la terre.

Mais le plus difficile est sans doute de rejoindre la conjonction ultime entre πνεῦμα et ἀλήθεια. Elle est le centre de la promesse de Jésus. Celui-ci découvrira en son adieu le temps à venir de l'esprit. L'esprit sera l'envoyé, au-delà de l'adieu, de la séparation du Christ et de ses disciples, présence à venir qui aura le sens du secours dans le procès contre le monde, un autre secours, un autre « défenseur » comme le Christ, par conséquent, le fut déjà, qui fut le premier envoyé, dans le combat avec l'autre provenance et l'autre domaine, κόσμος, qui est pourtant aussi un combat pour celui-ci, puisque θεός aime le monde contre le monde : κἀγὼ ἐρωτήσω τὸν πατέρα καὶ ἄλλον παράκλητον δώσει ὑμῖν, ἵνα μεθ' ὑμῶν εἰς τὸν αἰῶνα ᾖ. « Et je prierai le Père, et il vous donnera un autre défenseur, afin qu'il soit avec vous éternellement » (14, 16). Toutes les dimensions de l'esprit se retrouvent alors, à commencer par le don qu'il sera lui-même en tant qu'il est l'envoyé. Le Père (autrement dit, dans Jean, θεός, qui est lui-même πνεῦμα)

donnera l'esprit à la demande du Fils, et l'esprit
« restera », selon le verbe indiquant son déploiement
propre. « Rester » veut dire que sa présence sera
secourable, que les disciples, dans le domaine du monde
qui est celui de la séparation (le monde n'est rien d'autre
que l'invisibilité de l'esprit, l'invisibilité du Christ, pour
autant qu'il s'étend comme un règne, sous le prince du
monde : πνεῦμα n'est invisible que pour le monde, dans
le monde, selon le monde), ne seront plus jamais seuls.
Mais s'ils ne sont plus seuls, cela veut dire que le Christ
lui-même ne les laissera pas seuls, et qu'en un sens
lui-même viendra, ou même, de la façon la plus
frappante : *lui-même ne cesse de venir* : Οὐκ ἀφήσω
ὑμᾶς ὀρφανούς, ἔρχομαι πρὸς ὑμᾶς. « Je ne vous laisserai
pas orphelins, je viens à vous » (14, 18). L'esprit est à
venir – son sens est futur essentiellement, car il est lié
au départ du Christ, qui cependant, avec l'envoi futur
de l'esprit par le Père, est lui-même, déjà, celui qui
vient. L'étrange collision des temps présent et futur dans
le texte de Jean indique la présence propre, nouvelle et
unique, du « rester », qui est le « rester » de l'esprit et
le venir du Christ[1]. Mais de quelle présence au juste

---

1. Le lieu théologique majeur concerné ici, celui du rapport entre le
« rester » de l'esprit et le « venir » du Christ, est clairement indiqué par
Rudolf Schnackenburg dans son commentaire exégétique (*Das
Johannesevangelium, op. cit.*, III. Teil, p. 87), où il cite à nouveau saint
Cyrille d'Alexandrie (PG 74, 261 A, cité p. 87, n. 92) : « Il promet sa
propre venue et montre par là que l'esprit n'est pas quelque chose d'autre
que ce qu'il est lui-même, parce que l'esprit venant du Père est aussi son
propre esprit... En tant qu'arme, ainsi, et sûreté indéchirable, le Père
donna à nos âmes l'esprit du Christ ».

demeure-t-il ? Ou, ce qui est la même question, pour
qui reste-t-il ? Non pas pour le monde, qui n'est rien
d'autre, s'il règne, que le domaine de l'absence de
l'esprit (et toujours aussi cependant le domaine de sa
venue et de son déploiement), mais pour « vous » : τὸ
πνεῦμα τῆς ἀληθείας, ὃ ὁ κόσμος οὐ δύναται λαβεῖν,
ὅτι οὐ θεωρεῖ αὐτὸ οὐδὲ γινώσκει· ὑμεῖς γινώσκετε
αὐτό, ὅτι παρ' ὑμῖν μένει καὶ ἐν ὑμῖν ἔσται. « L'Esprit
de vérité, que le monde ne peut recevoir, parce qu'il ne
le voit pas et ne le connaît pas ; mais vous, vous le
connaissez, parce qu'il reste auprès de vous et qu'il sera
dans vous » (14, 17). Or la présence sera aussi, deux
versets plus loin, celle du Christ : ἔτι μικρὸν καὶ ὁ κόσμος
με οὐκέτι θεωρεῖ, ὑμεῖς δὲ θεωρεῖτέ με, ὅτι ἐγὼ ζῶ καὶ
ὑμεῖς ζήσετε. ἐν ἐκείνῃ τῇ ἡμέρᾳ γνώσεσθε ὑμεῖς ὅτι
ἐγὼ ἐν τῷ πατρί μου καὶ ὑμεῖς ἐν ἐμοὶ κἀγὼ ἐν ὑμῖν.
« Encore un peu de temps et le monde ne me verra plus,
mais vous, vous me verrez, parce que je vis et que vous
vivrez aussi. En ce jour-là vous connaîtrez que je suis
en mon Père, et vous en moi, et moi en vous » (14,
19-20). Inaccessible à tout ce qui appartient à l'autre
domaine et a le monde pour provenance, l'Esprit de
vérité ne reste que « pour vous », ὑμῖν, « avec vous »,
μεθ' ὑμῶν, « près de vous », παρ' ὑμῖν, « en vous », ἐν
ὑμῖν. *Il n'est pas de lieu du monde où l'esprit ne déploie
sa présence pour vous* : cette présence, entourant le
« vous » de toutes parts, et même intérieure à lui, un
« vous » qui n'a lui-même de sens qu'à partir de celui
qui leur parle, c'est-à-dire le Fils, est celle de la liberté
pure. *Le domaine de l'esprit s'ouvre partout, la donation*

commandement parce que tu aimes, et suivre le
commandement est aimer. Le cercle est le cercle de
l'amour, puisqu'il n'est pas seulement le contenu du
commandement, mais la source de son observation :
Ταῦτα ἐντέλλομαι ὑμῖν, ἵνα ἀγαπᾶτε ἀλλήλους. « Ce
que je vous commande, c'est de vous aimer les uns les
autres », 15, 17). Par conséquent, si l'esprit est celui de
l'ἀλήθεια, c'est en tant que l'ἀλήθεια elle-même est
venue, et que l'ἀλήθεια elle-même envoie ou enverra
le défenseur, ou demandera le défenseur pour « vous »,
autrement dit le défenseur viendra de toute façon en son
nom, au nom de celui qui à présent dit « Je » – et celui
qui dit ἐγώ n'est autre que la vérité elle-même : ἐγώ
εἰμι ἡ ὁδὸς καὶ ἡ ἀλήθεια καὶ ἡ ζωή. « Moi, je suis le
chemin, la vérité et la vie » (14, 6). L'esprit est en ce
sens celui qui, envoyé par le Père, venant toujours au
nom du Fils, conduira au Christ, ou plutôt sera le guide
(ὁδηγήσει) dans l'ἀλήθεια, et cela veut dire : guidera
dans la manifestation tout entière. Il sera, à ce titre,
l'accomplissement de l'enseignement, dans le souvenir,
d'abord, de l'enseignement de la vérité par la vérité
elle-même, de celui qui était la vérité, dans la fidélité à
la vérité, c'est-à-dire la fidélité à lui, celui qui est venu,
qui est aussi celui qui vient : moins le chemin lui-même
(qui est le Christ) que le guide sur le chemin, témoignage
pour l'auto-attestation de la vérité. Sa venue récapitulera
par conséquent tout l'enseignement du Christ : ὁ δὲ
παράκλητος, τὸ πνεῦμα τὸ ἅγιον, ὃ πέμψει ὁ πατὴρ ἐν
τῷ ὀνόματί μου, ἐκεῖνος ὑμᾶς διδάξει πάντα καὶ
ὑπομνήσει ὑμᾶς πάντα ἃ εἶπον ὑμῖν [ἐγώ]. « Mais le

défenseur, l'Esprit saint, que le Père enverra en mon nom, lui vous enseignera toutes choses et vous fera ressouvenir de tout ce que je vous ai dit » (14, 26). Et la manifestation qui s'appelle τὸ πνεῦμα τῆς ἀληθείας sera, dans l'évangile de Jean, l'accomplissement du témoignage : celui qui est envoyé témoignera pour celui qui fut d'abord envoyé, le témoin témoignera pour le témoin, dans le cercle du témoignage, le cercle de la défense contre le monde, qui est le cercle de la manifestation : Ὅταν ἔλθῃ ὁ παράκλητος ὃν ἐγὼ πέμψω ὑμῖν παρὰ τοῦ πατρός, τὸ πνεῦμα τῆς ἀληθείας ὃ παρὰ τοῦ πατρὸς ἐκπορεύεται, ἐκεῖνος μαρτυρήσει περὶ ἐμοῦ. « Mais lorsque sera venu le défenseur que je vous enverrai de la part du Père, l'Esprit de vérité, qui procède du Père, il me rendra témoignage » (15, 26). Un tel cercle, celui du témoignage, est celui dans lequel le ὑμεῖς, le « vous », la communauté qui se rassemble aujourd'hui autour du Christ qui se tient encore en son centre, deviendra, à la fin, le ἡμεῖς, le « nous », celle qui s'unifiera autour du μαθητής, de son témoignage, et attestera celui-ci en tant que fidèle à l'ἀλήθεια : Οὗτός ἐστιν ὁ μαθητὴς ὁ μαρτυρῶν περὶ τούτων καὶ ὁ γράψας ταῦτα, καὶ οἴδαμεν ὅτι ἀληθὴς αὐτοῦ ἡ μαρτυρία ἐστίν. « C'est ce disciple qui rend témoignage au sujet de ces choses et qui les a écrites, et nous savons que son témoignage est vrai » (21, 24). Le souvenir, l'hypomnèse ou remémoration qu'est l'esprit est en effet la dimension dans laquelle l'évangile lui-même est écrit : le « vous », le Christ désormais parti, est devenu un « nous », selon lequel il reste, le « voir », le « connaître » selon lequel il vit. Aussi longtemps qu'il est là, le « vous » n'était pas encore et ne pouvait pas être un « nous ». La venue de l'esprit est ou sera le commencement du « nous », lorsque « vous », dans le témoignage de l'esprit, deviendrez aussi les témoins, la communauté du commencement, l'archicommunauté devenant la communauté de l'esprit, « vous » devenant « nous » lorsque le Christ s'en va, la première personne pouvant, alors seulement, advenir dans la communauté : καὶ ὑμεῖς δὲ μαρτυρεῖτε, ὅτι ἀπ' ἀρχῆς μετ' ἐμοῦ ἐστε. « Et vous aussi rendrez témoignage, parce que vous êtes avec moi depuis le commencement » (15, 27). Mais si le temps de l'esprit est à venir, c'est que la manifestation, le dévoilement, avant le départ du Christ, ne sont pas encore accomplis. La seule voie pour un tel accomplissement est en effet le départ de Jésus, la seule voie pour qu'il vienne est l'adieu : ἐὰν γὰρ μὴ ἀπέλθω, ὁ παράκλητος οὐκ ἐλεύσεται πρὸς ὑμᾶς· ἐὰν δὲ πορευθῶ, πέμψω αὐτὸν πρὸς ὑμᾶς. « Car si je ne m'en vais pas, le défenseur ne viendra pas à vous ; mais si je m'en vais, je vous l'enverrai » (16, 7). C'est avec la séparation, le départ du Christ que s'ouvre la possibilité de l'envoi, de la venue de l'esprit, par laquelle le Christ viendra. Il faut qu'il parte pour venir : il s'en va, et il vient. La séparation seule ouvrira la proximité qui s'appelle τὸ πνεῦμα. Car lorsqu'il partira il ne laissera pas les siens seuls dans le monde, contre le monde, il ne les abandonnera pas : τὸ πνεῦμα sera l'attestation de sa présence, témoignant qu'ils ne sont pas abandonnés. Le Paraclet veut précisément dire ceci, qu'*ils ne sont pas*

laissés seuls. « Autre défenseur », l'esprit accomplira
le procès du monde. Selon le passage difficile de Jean :
Καὶ ἐλθὼν ἐκεῖνος ἐλέγξει τὸν κόσμον περὶ ἁμαρτίας
καὶ περὶ δικαιοσύνης καὶ περὶ κρίσεως. « Et lorsque
celui-là sera venu, il convaincra le monde touchant le
péché, touchant la justice et touchant le jugement » (16,
8). Ἐλέγξει : il convaincra, il montrera, il confondra,
dans le procès du monde. C'est là le verbe de la
manifestation renversante par laquelle le procès du
Christ sera retourné contre le monde, en procès du
monde. Ainsi, περὶ ἁμαρτίας μέν, ὅτι οὐ πιστεύουσιν
εἰς ἐμέ. « Touchant le péché, parce qu'ils ne croient pas
en moi » (16, 9). Le péché d'abord deviendra manifeste,
de ceux qui ne croient pas. « Péché » a le sens du refus
de l'ἀλήθεια. Plus difficile cependant est la deuxième
manifestation : περὶ δικαιοσύνης δέ, ὅτι πρὸς τὸν πατέρα
ὑπάγω καὶ οὐκέτι θεωρεῖτέ με. « Touchant la justice,
parce que je m'en vais au Père et que vous ne me verrez
plus » (16, 10). Que montrera l'esprit ? Il rétablira la
justice contre l'injustice du monde, rendra justice au
Christ, manifestant qu'il est retourné au Père. Son chemin
mortel est l'accomplissement de sa venue dans son
retour [1]. Enfin περὶ δὲ κρίσεως, ὅτι ὁ ἄρχων τοῦ κόσμου
τούτου κέκριται. « Et touchant le jugement, parce que
le prince de ce monde est jugé » (16, 11). Le jugement
ne rendra pas seulement justice au Christ, mais il
condamnera le monde ou plutôt, si le monde est le
domaine de sa venue, celui qui règne sur lui, renversant

---

1. On se reportera à Rudolf Schnackenburg, *Das Johannesevangelium*,
op. cit., IV. Teil, p. 146 *sq.*, particulièrement, sur la justice, p. 149.

un tel règne : le monde aura alors un autre sens, il n'y aura plus de règne du monde, ὁ κόσμος sera lui-même entièrement renversé dans son sens. Mais cet accomplissement, celui de la manifestation, celui de l'ἀλήθεια, reste à venir, et s'il reste futur, c'est que la dimension du « vous » n'est pas encore capable de recevoir la manifestation : Ἔτι πολλὰ ἔχω ὑμῖν λέγειν, ἀλλ' οὐ δύνασθε βαστάζειν ἄρτι. « J'ai encore beaucoup de choses à vous dire, mais vous ne pouvez les porter à présent » (16, 12). À nouveau ces paroles seront d'abord énigmatiques. Qu'est-ce qui ne peut être porté ? Le mot reviendra plus loin, au sujet de la croix (καὶ βαστάζων ἑαυτῷ τὸν σταυρὸν, « et portant lui-même sa croix », 19, 17). Ce qui ne peut être porté, quel qu'il soit, est en tant que tel ce qui ne peut être révélé. Le Christ ne peut dire ce qui pourtant est déjà destiné aux disciples, ce qui est déjà « pour vous » alors que « vous » ne pouvez le porter. Il y a une retenue essentielle de l'ἀλήθεια, avant l'accomplissement final, l'événement vers lequel elle est elle-même en chemin. Seul cet accomplissement sera l'envoi de l'esprit, qui sera alors le guide dans l'ἀλήθεια *sans réserve, tout entière* : ὅταν δὲ ἔλθῃ ἐκεῖνος, τὸ πνεῦμα τῆς ἀληθείας, ὁδηγήσει ὑμᾶς ἐν τῇ ἀληθείᾳ πάσῃ. « Quand celui-là, l'Esprit de vérité, sera venu, il vous conduira dans la vérité tout entière » (16, 13). La « vérité tout entière » est celle qu'est déjà le Christ, mais qu'il ne peut dire, car elle ne peut être portée. L'œuvre de τὸ πνεῦμα sera elle aussi de λέγειν, et comme tel il sera l'accomplissement du dévoilement : οὐ γὰρ λαλήσει ἀφ' ἑαυτοῦ, ἀλλ' ὅσα ἀκούσει λαλήσει καὶ τὰ ἐρχόμενα ἀναγγελεῖ ὑμῖν. ἐκεῖνος ἐμὲ δοξάσει, ὅτι ἐκ τοῦ ἐμοῦ λήμψεται καὶ ἀναγγελεῖ ὑμῖν. « Car il ne parlera pas de lui-même, mais il dira tout ce qu'il entendra et il vous annoncera les choses à venir. Lui me glorifiera, parce qu'il recevra de ce qui est à moi et vous l'annoncera » (16, 13-14). L'accomplissement est celui de l'ἀλήθεια dans la δόξα, et il est l'accomplissement de la parole dans la parole de l'esprit. Mais une telle parole ne vient pas de lui-même, il l'a entendue : à nouveau l'esprit sera le témoin, le témoignage lui-même. Car cette parole n'est aucune autre parole que celle du témoignage, avec laquelle s'ouvrait l'évangile. À la fin de l'évangile comme au commencement, pour Jean le Baptiste comme, autrement, pour Jean l'évangéliste, τὸ πνεῦμα, qui est l'accomplissement de la vérité, n'est autre que celui qui montre et qui montrera. L'esprit, le guide dans la vérité, est l'accomplissement de la manifestation sans réserve, en tant qu'il est, non pas seulement l'Apparaître, mais le Montrer, *zeigen*. L'esprit, qui se déploie dans le λέγειν, parler ou écrire, est le signe. *L'esprit est le signe qui reste.* Notre question était celle de la présence. La présence de πνεῦμα est, dans son rester essentiel, le *bei uns sein*, l'« être auprès de nous » qui reviendra encore, fugitivement, dans l'Introduction de la *Phénoménologie de l'esprit*[1], comme « volonté » de l'absolu, volonté de θεός d'« être auprès de nous ».

---

1. Hegel, *Phänomenologie des Geistes*, Hamburg, Meiner, 1988, p. 58 : « ... So würde es wohl, wenn es nicht an und für sich schon bei uns wäre und sein wollte... ». *Phénoménologie de l'esprit*, trad. fr. Bernard Bourgeois, Paris, Vrin, 2006, p. 118.

à celui qui était la lumière – pour autant qu'il s'agisse alors bien d'eux[1] – si l'on ne commence par voir que lui-même n'est pas venu en étranger, car, tout au contraire, eux lui appartiennent, ils sont « les siens », « les siens

Pour la question appliquée à Jésus lui-même, *cf.* M. Hengel et A. Maria Schwemer, *Jesus und das Judentum*, Tübingen, Mohr Siebeck, 2007 (contre le concept d'antijudaïsme, p. 30 *sq.*). Mais, théologiquement, on lira surtout le grand chapitre de Joseph Ratzinger dans son *Jesus von Nazareth. Beiträge zur Christologie*, E. Teilband, *Gesammelte Schriften*, Bd. 6/1, *op. cit.*, « Von der Taufe im Jordan bis zur Verklärung », chap. 8, « Die großen johanneischen Bilder », p. 308 *sq.* (*Jésus de Nazareth. La figure et le message*, *op. cit.*, I ʳᵉ partie, chap. 12, p. 289 *sq.*). Contre l'interprétation « gnostique » de Bultmann, Ratzinger écrit : « Il est devenu évident... que l'Évangile tire pleinement ses raisonnements et son argumentation de l'Ancien Testament, de la *Torah*... et que toute sa façon d'argumenter est profondément enracinée dans le judaïsme de l'époque de Jésus » (trad. fr., p. 291). C'est là l'un des points de départ majeurs du commentaire de l'évangile par Ratzinger. Plus loin, il posera la question : « Qui étaient précisément les accusateurs ? » Rappelant alors le plus simple (« En définitive, Jean lui-même, pour ce qui est de la nationalité, était un Israélite, tout comme Jésus et tous les siens. La Communauté primitive tout entière était composée d'Israélites »), Ratzinger donne son sens le plus précis à la réponse johannique à la question des « accusateurs » : « Selon Jean, ce sont simplement les Juifs (...). Chez Jean, cette expression a une signification précise et rigoureusement limitée : il désigne par là l'aristocratie du Temple. Ainsi, dans le quatrième Évangile, le cercle des accusateurs qui veulent la mort de Jésus est décrit avec précision et il est clairement délimité : il s'agit, justement, de l'aristocratie du Temple – mais non sans quelque exception, comme nous le laisse deviner l'allusion à Nicodème (*cf.* 7, 50s.) » (trad. fr., p. 525). Il faut, à la fin, toujours à nouveau rappeler le mot juste et coupant de Julius Wellhausen : *Jesus war kein Christ, sondern ein Jude* : « Jésus n'était pas chrétien, mais juif » (*Einleitung in die drei ersten Evangelien*, *Evangelienkommentare*, Berlin-New York, Walter de Gruyter, 1987, p. 102).

1. Schelling s'en fait l'écho, dans la Leçon XXVIII de la *Philosophie de la Révélation* de Berlin : « *Il vint chez les siens*, c'est-à-dire chez ceux qui le connaissaient déjà auparavant, et qui n'appartenaient pas au κόσμος ; le κόσμος est seulement le monde du paganisme, les Juifs ne sont pas

propres » : εἰς τὰ ἴδια ἦλθεν, καὶ οἱ ἴδιοι αὐτὸν οὐ παρέλαβον. « Il est venu chez lui, et les siens ne l'ont pas accueilli » (1, 11). Cette extraordinaire tension entre celui qui était la lumière et « les siens propres » doit porter la dramaturgie de tout l'évangile, son mouvement, son temps, ses fêtes, ses lieux : quelqu'un est rejeté par les siens, un Juif, par les Juifs. L'évangile concerne la vie d'un Juif que les Juifs n'ont pas reconnu. Le mot qui donne l'indication décisive sera, dans cette mesure, celui que prononcera plus loin la femme de Samarie : πῶς σὺ Ἰουδαῖος ὢν... « Comment toi qui es Juif... » (4, 9). Selon une telle tension, constante, de plus en plus dure, de plus en plus déchirante, l'une des questions les plus difficiles dans Jean sera : qu'est-ce qu'être Juif, et qui est le « roi d'Israël », selon le nom que lui donnera l'un des tout premiers disciples, Nathanaël : ῥαββί, σὺ εἶ ὁ υἱὸς τοῦ θεοῦ, σὺ βασιλεὺς εἶ τοῦ Ἰσραήλ. « Rabbi, tu es le Fils de Dieu, tu es le roi d'Israël » (1, 49), ou encore, selon cet autre nom que lui donnera Pilate, et que les Juifs ne lui reconnaîtront pas : qui est au juste « le roi des Juifs », ὁ βασιλεὺς τῶν Ἰουδαίων (19, 19) ? « Roi », il l'est en un sens qui reste entièrement à éclaircir, à la mesure du mystère de son royaume, qui sera d'abord, dans l'entretien incompréhensible avec Nicodème, l'énigme d'un royaume invisible, invisible autrement

un peuple du monde, ils sont ceux qui le connaissaient déjà. Εἰς τὰ ἴδια signifie conformément à la langue « vers sa lignée », *ad familiam, ad gentem suam*, vers le peuple juif qu'il s'était choisi d'avance, chez lequel il était compris comme le Christ à venir, et où il était donc déjà connu, même si c'était comme simplement futur » (*Sämmtliche Werke*, Bd. XIV, p. 116 ; trad. fr. sous la direction de J.-Fr. Marquet et J.-Fr. Courtine, Paris, PUF, Livre III, 1994, p. 136).

du moins qu'à travers une seconde naissance, une autre origine[1]. Voir le royaume, ne serait-ce pas là l'unique façon de voir le roi ? Mais le roi n'est d'abord justement pas vu, ou il n'est vu que de quelques-uns, quelques-uns parmi les Juifs.

Lorsqu'ils apparaissent pour la première fois sous leur nom même dans l'évangile, ils portent déjà en eux l'inquiétude de la question qu'ils garderont jusqu'à la fin irrésolue. Leur question sera cependant d'abord adressée à Jean le Baptiste : σὺ τίς εἶ; « Toi, qui es-tu ? » (1, 19). La question restera leur question la plus propre, la question dans laquelle ils se tiennent jusqu'à la fin. Mais pour entendre celle-ci il est nécessaire de la voir, plus loin, se déployer dans sa figure plus exacte : τί λέγεις περὶ σεαυτοῦ; « Que dis-tu de toi-même ? » (1, 22). Une telle forme plus précise, indirecte, relève de l'événement qui a déjà commencé, l'événement de l'enquête, du procès, ou du moins du jugement et du témoignage. Eux-mêmes, les Juifs, appartiennent entièrement à l'événement de la μαρτυρία, et ils demandent à entendre Jean, le premier témoin. Les Juifs apparaissent ainsi initialement comme ceux-là qui vont s'enquérir du témoignage. C'est encore un tel λέγειν qu'à la fin s'agissant de Jésus ils demanderont à Pilate de rétablir par écrit dans la lettre de la parole prononcée et recueillie, avec la précision d'un document juridique,

---

1. 3, 3 : ἀμὴν ἀμὴν λέγω σοι, ἐὰν μή τις γεννηθῇ ἄνωθεν, οὐ δύναται ἰδεῖν τὴν βασιλείαν τοῦ θεοῦ. « En vérité, en vérité, je te le dis, si quelqu'un ne naît d'en haut, il ne peut voir le royaume de Dieu ». « D'en haut », ou aussi : « de nouveau ».

lorsque la royauté viendra elle-même en question de la façon la plus grave : μὴ γράφε· ὁ βασιλεὺς τῶν Ἰουδαίων, ἀλλ' ὅτι ἐκεῖνος εἶπεν· βασιλεύς εἰμι τῶν Ἰουδαίων. « N'écris pas : "Le roi des Juifs", mais écris qu'il a dit : "Je suis le roi des Juifs" » (19, 21). Entre ce que Jean dit de lui-même et ce que Jésus a dit de lui-même, les Juifs entendent à chaque fois le témoignage, témoignage sur soi-même qui, en tant que tel et à lui seul, n'est pas recevable, mais qu'il faut commencer par recueillir pour en vérifier alors, à partir d'autres témoignages, la recevabilité. Mais qui sont ceux qui portent en eux une telle question ? Ceux qui envoient sont « les Juifs », et concernant leurs envoyés Jean donne deux indications : οἱ Ἰουδαῖοι ἐξ Ἱεροσολύμων ἱερεῖς καὶ Λευίτας. « Les Juifs envoyèrent de Jérusalem des prêtres et des lévites » (1, 19). Καὶ ἀπεσταλμένοι ἦσαν ἐκ τῶν Φαρισαίων. « Et ceux qui avaient été envoyés étaient d'entre les Pharisiens » (1, 24). C'est de Jérusalem que vient la question, et les envoyés appartiennent, d'un côté, aux deux états sacerdotaux qu'il était possible de distinguer dans le Temple, de l'autre, à ceux qui, dans Jean, sous le nom de Pharisiens, apparaissent par excellence liés aux grands-prêtres[1], et par excellence adversaires de Jésus. Tous cependant ne se tiendront pas dans la même adversité – mais avant tout la question qu'ils posent depuis le commencement : « toi, qui es-tu ? », trouve elle-même sa source dans une attente, leur attente la plus propre. C'est seulement dans l'horizon de leur attente la plus intérieure qu'ils peuvent demander à Jean

1. 7, 32 ; 7, 45 ; 11, 47 ; 18, 3.

le Baptiste s'il est Élie, s'il est le prophète, et surtout comprendre la réponse tout à fait précise que Jean lui-même a commencé par faire à la question pourtant entièrement indéterminée qu'ils lui posaient : σὺ τίς εἶ; ἐγὼ οὐκ εἰμὶ ὁ χριστός. « Toi qui es-tu ? » (1, 19). « Je ne suis pas le Christ » (1, 20). Ici il faudra surtout prendre garde à la très singulière façon dont l'auteur introduit cette réponse : καὶ ὡμολόγησεν καὶ οὐκ ἠρνήσατο, καὶ ὡμολόγησεν ὅτι ἐγὼ οὐκ εἰμὶ ὁ χριστός. « Il confessa, il ne nia pas, il confessa : "Je ne suis pas le Christ" » (1, 20). Ou, selon la *Vulgate* : *Et confessus est et non negavit et confessus est quia non sum ego Christus*. À la question : « Qui es-tu ? » Jean ne peut répondre en disant *qui il n'est pas* que si celui-là qu'il n'est pas est celui qui est attendu et entendu dans la question elle-même. La confession de Jean présuppose que la question des Pharisiens : « Qui es-tu ? » renvoie d'abord elle-même à l'unique question directrice : « Es-tu le Christ ? » et que ceux qui la posent se tiennent ainsi, comme lui, pour une part au moins, dans l'attente du Christ : ainsi à nouveau, dès le premier entretien où ils apparaissent, les Juifs sont-ils déjà comme l'indiquait le Prologue le peuple de la lumière, appartenant à la lumière en tant qu'ils l'attendent, sous le nom de Christ. Jésus viendra dans l'ouverture d'une telle attente, plus ancienne que sa venue, et à partir de laquelle le nom même de Christ trouve son sens. La confession de Jean est la confession d'un Juif qui se tient dans la même attente que ceux qui lui adressent la question à laquelle le ὡμολόγησεν répond, en tant que reconnaissance qui « dit la même chose » et partage ainsi l'inquiétude qui seule, silencieusement mais sans la moindre ambiguïté, oriente et justifie la question des Pharisiens. La recherche a ainsi commencé, recueillant le premier témoignage, et celui-ci a le sens d'une confession et reconnaissance : je ne suis pas celui que vous attendez. Mais si le nom du Christ a une telle attente pour provenance, sa venue est aussi entièrement tournée vers elle, comme Jean l'éclaircira lorsqu'il répondra le lendemain, alors qu'ils ne seront plus là, à une autre question, seconde, des Pharisiens : τί οὖν βαπτίζεις; « Pourquoi baptises-tu ? » (1, 25) : ἀλλ'ἵνα φανερωθῇ τῷ Ἰσραὴλ διὰ τοῦτο ἦλθον ἐγὼ ἐν ὕδατι βαπτίζων. « Mais c'est pour qu'il se manifestât à Israël que je suis venu, moi, baptiser dans l'eau » (1, 31). Jean appartient à l'unique manifestation, dont l'évangile est entièrement le récit, et une telle manifestation est originairement tournée vers Israël, dont le Christ tient son nom et où l'attente même d'un Christ a sa source. Mais si les Juifs portent dès le commencement en eux la question pour eux-mêmes la plus essentielle : « Qui es-tu ? », s'ils ne cessent de l'adresser au Christ et si une telle question ne reçoit elle-même son sens qu'à partir de la question claire, mais d'abord silencieuse : « Es-tu le Christ ? », alors la venue de Jésus, « parmi les siens » et à l'intérieur d'une telle attente et sous ce nom de Christ, la venue de Jésus *en tant que Juif et se manifestant à Israël*, aura pour conséquence l'ébranlement décisif du sens même d'Israël. Une telle venue porte en elle, répondant comme en miroir à la question propre des Juifs : « Qui es-tu ? », c'est-à-dire : « Es-tu le Christ ? », une autre question, la question radicale qui porte sur leur propre sens d'être : Qui es-tu, Israël ?, lorsqu'elle place les Juifs, comme elle a d'abord placé Jean, devant la question du ὁμολογεῖν, de la reconnaissance, à chaque fois, de celui qui vient et de celui qu'à chaque fois je suis devant lui, pour lui ou contre lui. La question : « Qui es-tu ? », leur question, doit ainsi selon Jean placer les Juifs devant la question sur eux-mêmes : « Qui suis-je ? » et : « Qui est Israël ? ».

Or c'est ce qui arrivera, en tant qu'inquiétude propre, non seulement aux Juifs, mais précisément aux Pharisiens, et avant tout autre, le plus clairement et le plus intensément, à l'un d'entre eux, à celui qui est la figure la plus distinctement dessinée par Jean de la question qu'est d'abord pour les Juifs Jésus, indissolublement unie à la question qu'ils deviennent alors pour eux-mêmes : Ἦν δὲ ἄνθρωπος ἐκ τῶν Φαρισαίων, Νικόδημος ὄνομα αὐτῷ, ἄρχων τῶν Ἰουδαίων. « Or il y avait un homme parmi les Pharisiens, du nom de Nicodème, un chef des Juifs » (3, 1). Nicodème appartient au peuple de celui qui « était la lumière », il est même parmi les Juifs un chef et un maître. Pourquoi ce maître, une nuit, est-il venu trouver Jésus ? Il est l'un des visages de la question inépuisable : « Qui es-tu ? ». Inépuisable car Nicodème, pour une part qui n'est pas seulement la sienne, a commencé à répondre à la question : ῥαββί, οἴδαμεν ὅτι ἀπὸ θεοῦ ἐλήλυθας διδάσκαλος. « Rabbi, nous savons que tu es un maître venu de Dieu » (3, 2). Non seulement : « Je sais », mais : « Nous savons » : la confession de Nicodème n'est pas seulement personnelle. Non seulement parce qu'il n'est pas seul, mais dans la mesure même où il est chef et lui-même maître, la reconnaissance qui est la sienne est aussi celle d'un « nous ». Un maître reconnaît un autre maître, mais il le reconnaît comme plus haut que lui, lorsqu'il en reconnaît la provenance d'en-haut, ἀπὸ θεοῦ. Mais Nicodème lorsqu'il se tient dans cette reconnaissance n'en a pourtant pas fini avec la question. Il vient parce qu'il a vu ou recueilli des témoignages sur les « signes » que Jésus a commencé à accomplir à Jérusalem. Ils ne sont pas signes qu'il est Dieu, mais que ὁ θεός est sa provenance ou que ὁ θεός est avec lui : οὐδεὶς γὰρ δύναται ταῦτα τὰ σημεῖα ποιεῖν ἃ σὺ ποιεῖς, ἐὰν μὴ ᾖ ὁ θεὸς μετ' αὐτοῦ. « Personne ne peut accomplir les signes que tu accomplis si Dieu n'est pas avec lui » (3, 2). Mais si Nicodème sait, pour l'avoir reconnue, la provenance du maître qu'il vient voir, s'il a reconnu que « Dieu est avec lui », il n'a pas apaisé pour autant en lui-même la profondeur de la question : « Qui es-tu ? ». Au contraire celle-ci se trouve par là et à partir des « signes » portée à son intensité la plus haute. Nicodème est parmi les Pharisiens celui qui accueille cette unique question sur Jésus et sur lui-même selon toute la puissance d'ébranlement qu'elle contient. Alors qu'il est jeté dans cette question par les signes de Jésus, les réponses absolument énigmatiques de Jésus ne peuvent que le placer toujours à nouveau, de la façon la plus abrupte et la plus radicale, devant la question elle-même. Nicodème recueille la parole oblique de Jésus, et à ses yeux elle garde en elle l'énigme qui entourait le signe. Quelle est cette naissance

d'en haut, quelle est cette « seconde fois » incompréhensible : πῶς δύναται ἄνθρωπος γεννηθῆναι γέρων
ὤν ; μὴ δύναται εἰς τὴν κοιλίαν τῆς μητρὸς αὐτοῦ
δεύτερον εἰσελθεῖν καὶ γεννηθῆναι ; « Comment un
homme peut-il naître alors qu'il est vieux ? Peut-il une
seconde fois entrer dans le sein de sa mère et naître ? »
(3, 4) ; πῶς δύναται ταῦτα γενέσθαι ; « Comment cela
se peut-il faire ? » (3, 9). Alors, dans le miroir de Jésus,
la question de Nicodème devient, sans ambage, non
plus seulement la question sur Jésus, mais la question
sur lui-même et sur Israël : σὺ εἶ ὁ διδάσκαλος τοῦ
Ἰσραὴλ καὶ ταῦτα οὐ γινώσκεις ; « Toi, tu es maître en
Israël, et tu ne connais pas ces choses ? » (3, 10). En
Nicodème ainsi la question accède à sa plus haute clarté
en tant que question, même lorsqu'il n'ose la poser qu'à
l'abri de la nuit. Mais divisant Israël elle place au moins
le maître Nicodème dans la situation de celui qui cherche
authentiquement et sincèrement à comprendre et ne
comprend pas. *Nicodème sait qu'il a devant lui celui
qui vient de Dieu et il ne comprend pas ce qu'il dit.* Il
n'est pas de situation plus difficile pour le maître d'Israël :
ἀμὴν ἀμὴν λέγω σοι ὅτι ὃ οἴδαμεν λαλοῦμεν καὶ ὃ
ἑωράκαμεν μαρτυροῦμεν, καὶ τὴν μαρτυρίαν ἡμῶν οὐ
λαμβάνετε. « En vérité, en vérité, je te dis que nous
parlons de ce que nous savons et témoignons de ce que
nous avons vu, et vous ne recevez pas notre témoignage »
(3, 11). L'entretien entre les deux maîtres est l'entretien
entre un « nous » et un « vous ». La deuxième personne
indique ceux qui cherchent à savoir, la première renvoie
à ceux qui ont vu et sont à présent les témoins, puisque

Jésus lui-même est un témoin, même s'il n'est pas témoin dans le même sens que ceux qui le suivent et qui ne peuvent peut-être former avec lui un « nous ». L'entretien nocturne avec Nicodème montre ainsi la nuit dans laquelle Nicodème est personnellement entré avec la venue de Jésus. Lorsqu'il s'entretient dans la nuit avec celui que Jean appelle la lumière, il ne voit rien, lui qui veut voir et pense aussi qu'il peut voir, car il sait du moins la provenance de celui qui se tient devant lui.

Mais il ne voit rien. Qu'aura-t-il pensé une fois seul, cette nuit-là ?

Nous ne sommes pas tout à fait démunis devant une telle question. Lorsque Nicodème réapparaîtra beaucoup plus loin dans le récit, tout attestera en effet qu'il aura gardé en lui-même la profondeur de la question en laquelle il s'était trouvé jeté et à laquelle il s'était risqué cette nuit-là. Car alors que les Pharisiens rejettent le témoignage de la foule, ὁ ὄχλος οὗτος ὁ μὴ γινώσκων τὸν νόμον, « cette foule qui ne connaît pas la Loi » (7, 49), et posent la question à leurs yeux décisive en pensant en connaître la réponse : μή τις ἐκ τῶν ἀρχόντων ἐπίστευσεν εἰς αὐτὸν ἢ ἐκ τῶν Φαρισαίων ; « Est-ce que quelqu'un parmi les chefs a cru en lui, ou parmi les Pharisiens ? » (7, 48), Nicodème n'hésitera pas, abandonnant alors l'abri de la nuit et s'avançant cette fois à découvert, à faire entendre à nouveau la puissance de la question demeurée irrésolue, la question authentique des Juifs et des Pharisiens, la question d'Israël, la question qu'il posera par conséquent en tant qu'il est lui-même, en tant que « maître en Israël ». Il posera, lui seul, à

nouveau la question, lui qui est à la fois l'un d'entre
eux et qui est seul parmi eux : εἷς ὢν ἐξ αὐτῶν, « il était
l'un d'entre eux » (7, 50), il était là, et il fut le seul à
faire retentir la question : « Qui est-il ? », intacte de
toute réponse. Mais la question : « Qui es-tu ? » prit
alors la figure la plus déterminée et la plus grave qu'un
maître en Israël pût lui donner, puisque Nicodème la
posa à partir de la Loi : μὴ ὁ νόμος ἡμῶν κρίνει τὸν
ἄνθρωπον ἐὰν μὴ ἀκούσῃ πρῶτον παρ' αὐτοῦ καὶ γνῷ
τί ποιεῖ; « Notre Loi juge-t-elle l'homme sans l'avoir
d'abord entendu et savoir ce qu'il fait ? » (7, 51). Jamais
la question en miroir ne fut plus grave, jamais
l'ébranlement ne fut aussi profond. La question n'est
plus alors seulement : « Qui sommes-nous ? », mais :
« Quelle est notre Loi et que dit-elle ? ». Nicodème
appelle les docteurs de la Loi à poser authentiquement
la question, à partir des commandements mêmes de la
Loi. La réponse des Juifs est alors précisément la réponse
de Judéens à l'un d'entre eux : μὴ καὶ σὺ ἐκ τῆς Γαλιλαίας
εἶ; ἐραύνησον καὶ ἴδε ὅτι ἐκ τῆς Γαλιλαίας προφήτης
οὐκ ἐγείρεται. « Es-tu de Galilée, toi aussi ? Cherche,
et vois, il ne se lève pas de prophète qui vienne de
Galilée » (7, 52). Or c'est la deuxième fois dans l'évangile
de Jean qu'apparaît la même réserve venant des Juifs
en tant que Judéens. La première fois, elle avait pris la
figure d'une question adressée par Nathanaël à Philippe :
ἐκ Ναζαρὲτ δύναταί τι ἀγαθὸν εἶναι; « De Nazareth,
peut-il venir quelque chose de bon ? » (1, 46). Mais
cette question n'était pas alors restée sans réponse. La
réponse n'était venue ni de Jésus, ni de Jean, mais de
celui qui avait posé la question, lui-même attestant ainsi

le sens sous lequel il avait placé son être. Car la rencontre de Jésus par Nathanaël avait donné le sens de l'être-disciple, montrant ce que voulait dire « suivre » Jésus [1]. La rencontre avant tout n'était pas symétrique : lorsque Nathanaël le voit pour la première fois, Jésus l'a déjà vu étudier [2] sous le figuier et le reconnaît comme celui qu'il est : ἴδε ἀληθῶς Ἰσραηλίτης ἐν ᾧ δόλος οὐκ ἔστιν. « Voici un Israélite selon la vérité, en lequel il n'est pas de ruse » (1, 47). Nathanaël selon Jean accomplit en lui la vérité du sens d'Israël. Or cet accomplissement est le renversement radical auquel Nathanaël consent lorsqu'il est en quelque sorte foudroyé par la rencontre de Jésus, exactement par ces deux mots, les plus simples et les plus mystérieux, que Jésus lui adresse : εἶδόν σε. « Alors que tu étais sous le figuier, *je t'ai vu* » (1, 48). Lui qui n'attend rien de Nazareth, reconnaît immédiatement à ces mots celui qu'il a devant lui. Il le reconnaît comme celui-là même que lui a annoncé Philippe venu le chercher, ὃν ἔγραψεν Μωϋσῆς ἐν τῷ νόμῳ καὶ οἱ προφῆται, « celui dont Moïse dans la Loi et les prophètes ont écrit » (1, 45). La radicalité sans ruse de

---

1. Selon saint Augustin, Nathanaël ne fut pas l'un des disciples. Il le comprendra ainsi : « Car nous devons comprendre que ce Nathanaël était savant et versé dans la Loi ; aussi le Seigneur n'a-t-il pas voulu le placer au nombre des disciples, parce qu'il a choisi des ignorants, d'où il confondrait le monde » (*In Iohannis Evangelium Tractatus VII*, 17, *Œuvres de saint Augustin*, « Bibliothèque augustinienne », t. 71, trad. fr. M.-F. Berrouard, Paris, Desclée de Brouwer, 1969, p. 442).

2. S'il faut comprendre ainsi, à partir de l'étude, la mention ὄντα ὑπὸ τὴν συκῆν, « alors que tu étais sous le figuier », en 1, 48. Du moins est-elle l'indication de la paix : 1 R 5, 5 : « » Il [Salomon] vivait en paix avec tous les pays qui l'environnaient. Juda et Israël demeurèrent en sécurité, chacun sous sa vigne et sous son figuier ».

Nathanaël est dans l'accueil immédiat qu'il fait à ce qu'il attendait, advenant selon la rencontre soudaine et la parole décisive, le renversement de toute cette vie d'étude et d'attente dans l'instant de l'accomplissement : ῥαββί, σὺ εἶ ὁ υἱὸς τοῦ θεοῦ, σὺ βασιλεὺς εἶ τοῦ Ἰσραήλ. « Rabbi, tu es le Fils de Dieu, tu es le roi d'Israël » (1, 49). Par là il manifeste en un éclair l'authenticité de son attente et de son étude. La sincérité de Nathanaël est attestée par la réserve même qu'il a d'abord manifestée, et le renversement décisif par lequel, en un instant fulgurant, toute sa vie change radicalement de sens, est en lui-même la figure de la fidélité et de la profondeur, de la vérité en laquelle il se tenait déjà en son attente : fidélité, selon Jean, à la vérité d'Israël. Mais alors, si Nicodème est la figure de la question anxieusement et authentiquement tenue dans Israël, la question : « Qui es-tu ? », Nathanaël est la figure, qui précède celle-ci, de la réponse, dans Israël lui-même, à la question d'Israël, ou de la fidélité d'Israël, selon Jean, à sa propre question et à sa propre attente. La réserve de Nathanaël est la même que celle que les Pharisiens opposent à la question de Nicodème s'inquiétant de la Loi. Mais, là où Nathanaël s'est laissé atteindre par l'éclair du : « Je t'ai vu », se découvrant lui-même comme se tenant originairement déjà dans le rayon du regard de celui qu'il a aujourd'hui devant lui, Nicodème, qui s'est pourtant lui aussi découvert, demeure dans la nuit de la question [1].

---

1. Autre est l'interprétation augustinienne de la figure de Nathanaël, l'Israélite *sine dolo*. Le dol selon saint Augustin est le propre du cœur double, de celui qui a *tanquam duo corda* (« pour ainsi dire deux cœurs », *In Iohannis Evangelium Tractatus VII*, 18, *Œuvres de saint Augustin*,

ne dit que Nicodème en ait fini avec ses questions et qu'il soit ainsi sorti de la nuit personnelle en laquelle l'apparition de Jésus l'a jeté. Mais à nouveau (car il en allait déjà ainsi en 7, 50 : Nicodème est à chaque fois « celui qui était venu » trouver Jésus) Jean ne manque pas de relever la fidélité singulière de Nicodème. Singulière, elle est tout autre que celle de Nathanaël : ὅτι εἶπόν σοι ὅτι εἶδόν σε ὑποκάτω τῆς συκῆς, πιστεύεις ; « Parce que je t'ai dit que je t'avais vu sous le figuier, tu crois ? » (1, 50). De Nicodème il n'est pas possible de dire qu'il croit, lui qui ne recevait pas le témoignage, appartenant au contraire à ceux auxquels Jésus demandait : εἰ τὰ ἐπίγεια εἶπον ὑμῖν καὶ οὐ πιστεύετε, πῶς ἐὰν εἴπω ὑμῖν τὰ ἐπουράνια πιστεύσετε ; « Si je vous dis les choses de la terre et que vous ne croyez pas, comment, si je vous dis les choses du ciel, croirez-vous ? » (3, 12). La fidélité de Nicodème est la fidélité à lui-même, ce qui veut dire aussi : à Israël. Jean écrit : φέρων μίγμα σμύρνης καὶ ἀλόης ὡς λίτρας ἑκατόν. ἔλαβον οὖν τὸ σῶμα τοῦ Ἰησοῦ καὶ ἔδησαν αὐτὸ ὀθονίοις μετὰ τῶν ἀρωμάτων, καθὼς ἔθος ἐστὶν τοῖς Ἰουδαίοις ἐνταφιάζειν. « … apportant un mélange de myrrhe et d'aloès d'environ cent livres. Ils prirent donc le corps de Jésus et l'entourèrent de bandelettes avec les aromates, selon la coutume des Juifs pour ensevelir » (19, 39-40). Nicodème ne vient pas parce qu'il croit, mais il est bien là avec un disciple, « qui s'en cachait par crainte des Juifs », κεκρυμμένος δὲ διὰ τὸν φόβον τῶν Ἰουδαίων (19, 38), Joseph d'Arimathée, qui enlève le corps de Jésus du lieu de la Passion et le préparera avec Nicodème. Le secret dans lequel Joseph devenu disciple s'abrite n'est pourtant pas la nuit de Nicodème, qui n'est pas un disciple et dont il n'est jamais dit qu'il se cache. Nicodème vient ensevelir Jésus, dont il a reconnu qu'il était envoyé par Dieu ou que Dieu était avec lui, selon le rite des Juifs. Une nouvelle fois, il est la figure de l'extrême tension qui traverse à présent le sens d'Israël : Jésus est enseveli par celui qui, aux côtés de son disciple secret, demeure un « maître » et un « chef » parmi les Juifs.

Dans ce geste d'ensevelissement, comme il a été remarqué [1], il rejoint une autre figure johannique, présente déjà dans les récits de Marc et de Matthieu, Marie de Béthanie. Marie avait déjà témoigné au corps de Jésus un soin tout à fait singulier, lorsque prenant un parfum elle en avait oint les pieds de Jésus. Béthanie lieu du repas fut marqué par la mort et la résurrection de Lazare. Ce que fait Marie lors du repas sera par Jésus lui-même lié à sa propre mort. Mais ce qu'elle fait ne trouvera sa clarté propre que lorsqu'il sera placé en regard de ce que fera à la fin Nicodème avec ses aromates : Ἡ οὖν Μαριὰμ λαβοῦσα λίτραν μύρου νάρδου πιστικῆς πολυτίμου ἤλειψεν τοὺς πόδας τοῦ Ἰησοῦ καὶ ἐξέμαξεν ταῖς θριξὶν αὐτῆς τοὺς πόδας αὐτοῦ· ἡ δὲ οἰκία ἐπληρώθη ἐκ τῆς ὀσμῆς τοῦ μύρου. « Or Marie ayant pris une livre d'un parfum de nard pur qui était de grand prix en oignit

---

1. R. Schnackenburg, *Das Johannesevangelium, op. cit.*, IV. Teil, p. 349 (qui renvoie aussi à Strack-Billerbeck, Bd. II, p. 584). On pourra se reporter à J.-M. Sevrin : « The Nicodemus Enigma : The Characterization and Function of an Ambiguous Actor of the Fourth Gospel », dans : *Anti-Judaism and the Fourth Gospel*, R. Bieringer, D. Pollefeyt, Fr. Vandecasteele-Vanneuville, Louisville, Westminster John Knox Press, 2001.

les pieds de Jésus, et elle lui essuya les pieds avec ses cheveux ; la maison était emplie de l'odeur de ce parfum » (12, 3). Car l'explication que Jésus donnera à Judas demeure entièrement énigmatique : ἄφες αὐτήν, ἵνα εἰς τὴν ἡμέραν τοῦ ἐνταφιασμοῦ μου τηρήσῃ αὐτό. « Laisse-la : c'est pour le jour de ma sépulture qu'elle devait garder ce parfum » (12, 7)[1]. Comment l'entendre, qu'est-ce ici que « garder » – ce parfum ce jour-là répandu ? Est-ce le parfum, ou du moins le reste du parfum, qu'elle est appelée par Jésus à garder, comme Judas ou, selon Marc, « certains » (Mc 14, 4), ou, selon Matthieu, « les disciples » (Mt 26, 8), l'auraient voulu pour tout le parfum, préférant l'aumône à un geste aussi coûteux ? Marc et Matthieu insistent sur l'œuvre belle, καλὸν ἔργον, ainsi accomplie (Mc 14, 6 ; Mt 26, 10), et Jésus lui-même promet ce geste, qu'il lie à l'évangile, au souvenir (Mc 14, 9 ; Mt 26, 13). Jean s'en tient à la parole énigmatique qui forme un pont entre ce geste, une œuvre que Judas a opposée à l'aumône qu'il rend désormais impossible, et la mort et l'ensevelissement à venir, dont ce jour est déjà la figure[2]. Le geste de

1. Pour ce verset extrêmement difficile, nous reprenons la traduction de la *Bible de Jérusalem*. Sur ces difficultés, voir R. Schnackenburg, *Das Johannesevangelium*, II. Teil, Leipzig, St. Benno Verlag, 1971, p. 462 *sq.* Rudolf Bultmann commentait lui aussi différentes corrections proposées pour ce verset « à peine intelligible » (*Das Evangelium des Johannes*, *op. cit.*, p. 318, n. 4).

2. Kierkegaard en donnera un magnifique commentaire, où il insistera sur l'ambiguïté de la gloire du Christ, toujours liée à la Passion. *L'École du christianisme*, trad. fr. P.-H. Tisseau et E.-M. Jacquet Tisseau, Paris, Éditions de l'Orante, t. 17, 1982, p. 151 *sq.* (*SKS*, *op. cit.*, 12, 171 *sq.*) : « Outre les apôtres, la pécheresse fut l'une des rares personnes qui le

Marie adviendra une seconde fois avec celui de Nicodème, le maître en Israël. Elle accomplit déjà, alors que Jésus est vivant, le rite que lui-même accomplira sur le corps mort de Jésus, le rite des Juifs : ἐμὲ δὲ οὐ πάντοτε ἔχετε. « Moi, vous ne m'avez pas pour toujours » (12, 8), avait répondu Jésus. Nicodème accomplira une seconde fois le geste de Marie, lorsque Jésus ne sera déjà plus là. Nicodème et Joseph préparèrent le corps de Jésus. Ils ne l'ont pas laissé, ils l'ont porté dans le jardin proche, dans le tombeau neuf qui s'y trouvait, « en raison de la Préparation des Juifs » (διὰ τὴν παρασκευὴν τῶν Ἰουδαίων, 19, 42). La Préparation des Juifs était aussi celle de Nicodème. Lui et Joseph ont observé le sabbat. En cela aussi, le maître était resté fidèle à Israël.

Si les Juifs apparaissent ainsi comme ceux qui, portant l'attente du Christ, voient jaillir en eux-mêmes la question sur Jésus et la lui adressent, s'ils sont ainsi devant lui à chaque fois ceux qui lui demandent des signes, Jésus devra cependant répondre à une question d'une autre provenance, et qui lui sera adressée, cette fois-ci, en tant qu'il est lui-même Juif. Non pas encore la question romaine, que Pilate lui adressera aussi en tant qu'il est Juif (μήτι ἐγὼ Ἰουδαῖός εἰμι; τὸ ἔθνος τὸ σὸν καὶ οἱ ἀρχιερεῖς παρέδωκάν σε ἐμοί· τί ἐποίησας; « Est-ce que je suis Juif, moi ? Ta nation et les grands

comprirent, bien qu'elle se trompât aussi ; car elle ne comprit pas qu'elle l'oignait pour sa sépulture. On est saisi d'un frisson de terreur en songeant à la mystérieuse interprétation de cette scène en apparence toute contraire, en songeant que ce moment du festin où il est oint de parfums précieux désigne sa sépulture ! » (p. 153).

prêtres t'ont livré à moi : qu'as-tu fait ? », 18, 35), et
qui concernera sa royauté (18, 33). Mais une autre
question lui viendra d'abord d'une femme de Samarie,
autrement dit de celle qui appartient à un peuple avec
lequel les Juifs, comme l'atteste l'étonnement de la
Samaritaine, « n'ont pas de rapport » (οὐ γὰρ συγχρῶνται
Ἰουδαῖοι Σαμαρίταις, 4, 9), depuis le schisme qui avait
séparé les deux communautés. Le schisme qui éloigne
cette femme de Jésus le Juif, c'est elle-même qui
l'évoquera : οἱ πατέρες ἡμῶν ἐν τῷ ὄρει τούτῳ
προσεκύνησαν· καὶ ὑμεῖς λέγετε ὅτι ἐν Ἱεροσολύμοις
ἐστὶν ὁ τόπος ὅπου προσκυνεῖν δεῖ. « Nos pères ont
adoré sur cette montagne ; et vous, vous dites que c'est
à Jérusalem qu'est le lieu où il faut adorer » (4, 20). Ce
qui les sépare n'est d'ailleurs pas seulement le lieu de
la prière de leurs Pères, le mont Garizim plutôt que
Sion, mais aussi l'Écriture, dont les Samaritains ne
reconnaissent que le Pentateuque, et la rigueur de leur
observance : « Samarie s'enorgueillissait la parvenue,
l'égoïste, plus rigide observatrice de sa loi protestante
que Juda des tables antiques », écrira Rimbaud dans la
ferme des Ardennes [1]. Jésus le Juif rencontre la femme
de Samarie près de la source de Jacob, « près de la terre
que Jacob donna à son Fils Joseph » (πλησίον τοῦ χωρίου
ὃ ἔδωκεν Ἰακὼβ [τῷ] Ἰωσὴφ τῷ υἱῷ αὐτοῦ, 4, 5). Que
peuvent-ils se dire près de la source de Jacob, eux que
tout oppose ? δός μοι πεῖν. « Donne-moi à boire » (4, 7).

---

1. Ou, selon les hypothèses, à Londres, en 1872 ou 1873, *Œuvres
complètes*, éd. A. Guyaux et A. Cervoni, « Bibliothèque de la Pléiade »,
Paris, Gallimard, p. 239.

La simplicité d'une telle demande est un ébranlement, la femme de Samarie ne pouvait pas s'y attendre : la demande renverse en un éclair tout ce qui fut, toute l'histoire de leur séparation, elle traverse soudain, de façon fulgurante, la distance infranchissable qui était entre eux, homme et femme, Juif et Samaritaine. Aussi la femme de Samarie doit-elle en retour poser une question à Jésus : πῶς σὺ Ἰουδαῖος ὢν παρ' ἐμοῦ πεῖν αἰτεῖς γυναικὸς Σαμαρίτιδος οὔσης ; « Comment, toi qui es Juif, me demandes-tu à boire, à moi qui suis une femme de Samarie ? » (4, 9). Elle voit un voyageur juif, fatigué, assis près de la source. Mais lui, qui voit-il en elle ? Elle pense devoir lui rappeler qui elle est. Le trouble de la Samaritaine a pour provenance l'incertitude absolue où les paroles de ce Juif la jettent : qui est-il ? La réponse du Juif qu'elle a en face d'elle n'est pas rassurante, bien qu'elle résonne aussi comme une promesse : tu ne sais pas qui je suis : εἰ ᾔδεις τὴν δωρεὰν τοῦ θεοῦ καὶ τίς ἐστιν ὁ λέγων σοι· δός μοι πεῖν, σὺ ἂν ᾔτησας αὐτὸν καὶ ἔδωκεν ἄν σοι ὕδωρ ζῶν. « Si tu savais le don de Dieu, et qui est celui qui te dit : "Donne-moi à boire", c'est toi qui lui aurais demandé et il t'aurait donné de l'eau vive » (4, 10). Réponse qui met le comble à son trouble, accomplissant le renversement encore plus loin : tu ne sais pas qui je suis, sinon c'est toi, la femme samaritaine, qui demanderais et qui recevrais de cet homme juif que tu as en face de toi. Or « celui qu'il est », demeurant inconnu, est lié au « don de Dieu » : l'énigme est impénétrable. Elle doit accomplir le passage dans une tout autre dimension, encore inaperçue. Ni celui qui donne, ni ce qu'il donne, ne sont clairs. Un tel don est au centre de l'entretien avec la femme de Samarie. La simplicité de la demande initiale, « donne-moi à boire », fait place nette, ébranlant tout ce qui fut, pour un autre don, un don inversé. Ce qui s'appelle « don de Dieu » reste entièrement mystérieux, mais avec lui sera donnée la vie, une sorte de vie, la vie éternelle. Quel est cet autre don, cette eau qui est autre, cette vie qui est autre, cette eau qui deviendra source jaillissant « en vie éternelle », εἰς ζωὴν αἰώνιον (4, 14)? La femme de Samarie ne peut pas le comprendre, et son étonnement rejoint exactement celui de Nicodème : κύριε, οὔτε ἄντλημα ἔχεις καὶ τὸ φρέαρ ἐστὶν βαθύ· πόθεν οὖν ἔχεις τὸ ὕδωρ τὸ ζῶν; « Seigneur, tu n'as même pas de seau et le puits est profond; d'où la tiens-tu donc, cette eau vive? » (4, 11) Même sans comprendre ce qu'il lui dit, elle fera pourtant confiance au Juif qui est devant elle : κύριε, δός μοι τοῦτο τὸ ὕδωρ, ἵνα μὴ διψῶ μηδὲ διέρχωμαι ἐνθάδε ἀντλεῖν. « Seigneur, donne-moi cette eau pour que je n'aie plus soif et n'aie plus à venir puiser ici » (4, 15). Ainsi la demande la plus simple s'est-elle inversée : elle demeure simple, elle est même devenue encore plus simple, elle est désormais la demande de la vie, de la femme de Samarie au Juif du désert, celui que, dans l'entretien, elle va reconnaître comme un prophète. Lorsque la femme lui rappelle la différence qui sépare les Samaritains des Juifs, la montagne où leurs Pères ont adoré, Jésus fera alors la réponse la plus précise, mais aussi la plus difficile à comprendre, concernant les Juifs : πίστευέ μοι, γύναι,

ὅτι ἔρχεται ὥρα ὅτε οὔτε ἐν τῷ ὄρει τούτῳ οὔτε ἐν
Ἱεροσολύμοις προσκυνήσετε τῷ πατρί. ὑμεῖς προσκυνεῖτε
ὃ οὐκ οἴδατε ἡμεῖς προσκυνοῦμεν ὃ οἴδαμεν, ὅτι ἡ
σωτηρία ἐκ τῶν Ἰουδαίων ἐστίν. ἀλλὰ ἔρχεται ὥρα καὶ
νῦν ἐστιν, ὅτε οἱ ἀληθινοὶ προσκυνηταὶ προσκυνήσουσιν
τῷ πατρὶ ἐν πνεύματι καὶ ἀληθείᾳ· καὶ γὰρ ὁ πατὴρ
τοιούτους ζητεῖ τοὺς προσκυνοῦντας αὐτόν. πνεῦμα ὁ
θεός, καὶ τοὺς προσκυνοῦντας αὐτὸν ἐν πνεύματι καὶ
ἀληθείᾳ δεῖ προσκυνεῖν. « Crois-moi, femme, l'heure
vient où ce n'est ni sur cette montagne ni à Jérusalem
que vous adorerez le Père. Vous, vous adorez ce que
vous ne savez pas, nous, nous adorons ce que nous
savons, car le salut vient des Juifs. Mais l'heure vient,
et c'est maintenant, où les vrais adorateurs adoreront le
Père en esprit et en vérité ; car le Père cherche de tels
adorateurs. Dieu est esprit et ceux qui l'adorent, il faut
qu'ils adorent en esprit et en vérité » (4, 21-24). La
réponse de Jésus est à nouveau déroutante. Elle commence
par abolir la différence, non pas toute différence, mais
la différence précise entre les Juifs et les Samaritains
que la femme de Samarie avait à l'instant rappelée. Elle
l'abolit, ou plutôt elle indique qu'elle n'aura plus cours,
n'a déjà plus cours. Cette heure où elle disparaîtra à
vrai dire n'est pas future, elle est venue, elle est
maintenant. Un tel « maintenant » est exactement
l'instant où se tient celui qui parle à la femme de Samarie.
Le futur qui s'ouvre commence avec cet instant, et
l'avenir prend alors le sens d'un commandement qui
prend effet maintenant. Cette heure à venir, autrement
dit le commandement qui s'ouvre maintenant, puisque

le futur a le sens de cet « il faut », concernent la façon
d'adorer le Père, et d'abord le lieu pour une telle
adoration. Le lieu ne sera plus ni Sion ni Garizim, ni
celui des Juifs ni celui des Samaritains. Il porte un tout
autre nom, il porte deux noms, indiquant d'abord qu'il
ne s'agit pas d'un lieu au même sens, et qu'il n'y aura
plus de lieu. Les deux noms sont πνεῦμα et ἀλήθεια. Il
n'y aura plus de lieu, sinon le lieu qu'est Dieu lui-même,
« esprit ». « Esprit » est le lieu pour l'adoration vraie
dans la mesure où Dieu est esprit, à la fois le lieu où il
est et ce qu'il est ou celui qu'il est. Quel que soit le sens
de πνεῦμα, esprit est ici celui qui n'est attaché à aucun
lieu, celui qui peut venir et se tenir en tout lieu. Pour
celui qui adore, se tenir dans ce lieu-là, c'est se tenir en
lui, et par conséquent, si l'adoration se tourne vers sa
présence, se tenir dans la vérité de l'adoration. Le Père
est le nom de celui vers lequel l'adoration est tournée,
puisqu'il est celui qui envoie, le Seigneur du ciel et de
la terre. Adorer le Père avec vérité, c'est l'adorer en
esprit, dans l'esprit, en tant qu'esprit, et cela veut dire
d'abord, négativement, ni sur cette montagne, ni sur
cette autre, mais là où à chaque fois tu es, car « esprit »
veut dire qu'il est là, là où il veut être. Mais Jésus ne
fait pas cette seule réponse. Il indique aussi entre Juifs
et Samaritains une différence difficile à mesurer. Les
uns savent ce qu'ils adorent, les autres non. Mais si le
savoir est l'attestation de l'ἀλήθεια, n'est-ce pas à dire
que l'adoration des uns se tient déjà dans la vérité, quand
celle des autres est dans la non-vérité? Et ce qui est
donné en raison est encore plus troublant peut-être : ὅτι

ἡ σωτηρία ἐκ τῶν Ἰουδαίων ἐστίν. « Car le salut vient des Juifs » (4, 22) [1]. Sans doute, Jésus lui-même éclaircira l'une des dimensions de cette réponse, l'un des sens d'une telle provenance, lorsqu'il répondra à la femme de Samarie évoquant ce que du moins elle sait et, en ce sens, répondant elle-même à ce que venait de dire Jésus (« vous adorez ce que vous ne savez pas ») : οἶδα ὅτι Μεσσίας ἔρχεται, ὁ λεγόμενος χριστός. « Je sais qu'un Messie vient, celui qu'on appelle Christ » (4, 25). La réponse de Jésus, s'identifiant lui-même comme Christ, dans l'instant que marque la parole de révélation qui résonne, est le dévoilement du sens de l'heure qui vient et qui est là, du καὶ νῦν ἐστιν, du : « et c'est maintenant » : ἐγώ εἰμι, ὁ λαλῶν σοι. « Je le suis, moi qui te parle » (4, 26). Cet ἐγώ en lequel le Christ s'avance dans la parole, et apparaît soudain dans la première personne, accomplit la manifestation avec laquelle commence une toute nouvelle présence, ou par laquelle toute présence a changé de sens. Si celui qui se tient devant la femme de Samarie dit : « Je suis celui qu'on appelle Christ », alors le salut, avec l'heure qui commence, « maintenant », vient des Juifs, puisque celui-là est un Juif. Cependant,

---

1. Avec une désinvolture stupéfiante, la simple note que le commentaire de Bultmann concède à ce passage supprime toute difficulté, indiquant surtout alors les limites de sa méthode : « Le salut vient des Juifs » serait tout simplement « impossible chez Jean », et ne peut être qu'une glose (p. 139, n. 6). La science immense de Bultmann ne va pas sans sa part d'aveuglement. *Cf.* à l'inverse, contre toute tentative de voir là une simple glose (et de comprendre ici le « nous », ἡμεῖς, non comme : « nous les Juifs », mais comme : « nous les chrétiens » !), R. Schnackenburg, *Das Johannesevangelium, op. cit.*, I. Teil, p. 470-471.

lorsqu'il avait prononcé ce mot, Jésus l'avait donné
pour éclaircissement de ce qu'il venait de dire : « Nous
adorons ce que nous savons ». Le salut ne vient pas
seulement d'un Juif, il vient de « nous », les Juifs. Un
tel « nous » est l'attestation par Jésus lui-même de sa
propre appartenance. Il est un Juif qui va à la femme
de Samarie, un Juif qui en tant que Juif apporte le salut.
Pourtant le savoir des Juifs ne devient-il pas celui de la
Samaritaine, lorsque s'accomplit la manifestation dans
la parole qui résonne : « C'est moi » ? Celui-là, dont la
femme sait qu'il est en train de venir, elle ne sait pas
qui il est, mais lui-même se dévoile devant elle. N'est-
elle pas alors appelée à recevoir le salut d'un Juif et des
Juifs, comme lui, le Juif, va à elle ? Le salut lui-même
a ainsi pour provenance le peuple qui adore ce qu'il
sait, celui, « nous », dans lequel Jésus se compte alors
lui-même. Cependant (ἀλλὰ), cette provenance, à
nouveau, lorsqu'elle s'ouvre à la nouvelle adoration du
Père, celle qui est sans lieu et en tout lieu, l'adoration
« en esprit et en vérité », lorsqu'elle s'accomplit dans
les « vrais adorateurs » (οἱ ἀληθινοὶ προσκυνηταὶ, 4, 23),
ouvre aussi la dimension du nouveau « nous », celui
des « adorateurs que cherche le Père » (καὶ γὰρ ὁ πατὴρ
τοιούτους ζητεῖ τοὺς προσκυνοῦντας αὐτόν, 4, 23).
Le « maintenant » est celui du nouveau « nous », où
Juifs et Samaritains se tiennent dans l'unité qui s'appelle
esprit, et n'a pas de lieu, pas d'autre lieu que lui-même.
Il est frappant ici que la nouvelle adoration demeure
adoration du Père, dans l'esprit, annoncée et inaugurée,
puisque l'heure à venir est « maintenant », par le Fils,

l'un des Juifs, celui qui alors s'avance devant la Samaritaine comme ἐγώ, première personne du singulier, appartenant au « nous » formé par les Juifs, ἐγώ lui-même provenance du nouveau « nous » : comme provient de lui une eau dont le sens même est entièrement nouveau, puisque l'eau qu'il donne devient source, elle-même source d'une vie en un sens entièrement nouveau, d'une vie éternelle.

Καὶ ἐπὶ τούτῳ ἦλθαν οἱ μαθηταὶ αὐτοῦ, καὶ ἐθαύμαζον ὅτι μετὰ γυναικὸς ἐλάλει· οὐδεὶς μέντοι εἶπεν· τί ζητεῖς ἢ τί λαλεῖς μετ' αὐτῆς; « Et après cela ses disciples arrivèrent, et ils s'étonnaient qu'il parlât avec une femme ; aucun cependant ne lui dit : "Que cherches-tu ?" ou : "Pourquoi parles-tu avec elle ?" » (4, 27). À nouveau est indiquée l'étrangeté de Jésus. Le plus étonnant n'est pourtant pas ici, aux yeux des disciples, qu'un Juif parle à une Samaritaine, mais que le maître s'adresse à une femme. Mais que les disciples en restent interdits n'indique pas seulement qu'ils n'auraient pas eux-mêmes rejoint le sens entier de sa venue, ne le comprenant pas encore. Car lorsqu'ils ne lui posent aucune question, ils s'en remettent pourtant bien une nouvelle fois à lui, ils le suivent encore, dans leur étonnement : à eux-mêmes il demeure et demeurera étrange, et ils ne le suivent et ne le suivront pas moins. Leur confiance n'aura pas mis fin à cette étrangeté, et le sens de l'être-disciple apparaît là dans la radicalité du risque qu'ils prirent et prennent toujours à nouveau.

Or cette étrangeté de Jésus deviendra plus loin le centre d'un autre récit, où l'exégèse s'accorde à voir une interpolation dans l'évangile [1], et où Jésus, lorsqu'il s'agira à nouveau du sens d'Israël, puisque la Torah sera mise en cause, aura peut-être, dans tout l'évangile, son geste le plus énigmatique. Car il se retirera lui-même dans la figure de l'énigme lorsque, à la question des scribes et des Pharisiens concernant la femme adultère, il ne répondra rien, d'abord, rien d'autre du moins qu'un geste insaisissable : ὁ δὲ Ἰησοῦς κάτω κύψας τῷ δακτύλῳ κατέγραφεν εἰς τὴν γῆν. « Jésus, qui s'était baissé, écrivit avec le doigt sur la terre » (8, 6). Jésus écrit, alors que ce qui est en question n'est justement rien d'autre que l'Écriture, précisément ce que dit la Loi au sujet de la femme adultère, comme ne manquent pas de le rappeler ceux qui lui en adressent la question : ἐν δὲ τῷ νόμῳ ἡμῖν Μωϋσῆς ἐνετείλατο τὰς τοιαύτας λιθάζειν. σὺ οὖν τί λέγεις ; « Dans la Loi, Moïse nous a prescrit de lapider de telles femmes. Toi, que dis-tu donc ? » (8, 5). Lorsqu'il garde le silence, il ne reste pas sans donner des signes. Qu'écrit-il ? Le plus décisif est justement que cela, dans l'évangile, reste non dévoilé. Jésus répondra. Mais le geste énigmatique sera, après la réponse de Jésus (ὁ ἀναμάρτητος ὑμῶν πρῶτος ἐπ' αὐτὴν βαλέτω λίθον. « Que celui d'entre vous qui n'a jamais péché lui jette le premier une pierre », 8, 7), accompli une seconde fois : καὶ πάλιν κατακύψας ἔγραφεν εἰς τὴν γῆν. « Et à

---

1. Schnackenburg donne une description précise de la situation textuelle et exégétique (*Das Johannesevangelium, op. cit.*, II. Teil), p. 224 *sq.*

nouveau, s'étant baissé, il écrivit sur la terre » (8, 8).
La réponse de Jésus est entourée, de part et d'autre, de
silence, si écrire est toujours se retirer dans le silence.
C'est avec cette réponse que le geste de Jésus, avant et
après elle, doit être considéré. Le geste et la réponse
adressent chacun à lui-même, à la solitude de celui qui
est appelé à s'avancer en premier, à juger en premier,
c'est-à-dire d'abord à se juger, à regarder qui il est lui-
même et ce qu'il a fait. Jésus répond et ne répond pas,
parle et garde le silence. Écrire a pour premier sens un
tel silence observé par Jésus, et auquel sont laissés ceux
qui, dans leur arrière-pensée, lui ont adressé la question.
Ils sont abandonnés à eux-mêmes, mais, par la réponse
qui le brisera comme par le silence qui l'entoure et la
reprend, tournés vers eux-mêmes, chacun vers soi-même.
Chacun est appelé à être πρῶτος, celui qui s'avance en
premier : dans le jugement, mais, à l'instant qui précèdera
le jugement, dans le regard sur soi-même. Jésus sortira
de cette étrange fermeture où il s'est retiré lorsque les
scribes et les Pharisiens seront partis, « un à un », précise
Jean, comme si un tel regard lui-même, selon sa lenteur
propre, se déployait alors en chacun d'eux, « en
commençant par les plus âgés », εἷς καθ' εἷς ἀρξάμενοι
ἀπὸ τῶν πρεσβυτέρων (8, 9). Il en sortira dans une
question adressée à la femme, restée dans le cercle (mais
quel cercle s'ils sont partis ? Le cercle est devenu celui
de son extrême solitude dans la seule présence de Jésus,
autrement dit, pour elle aussi, déjà, la présence du
Seigneur : κύριε, 9, 11). La question laisse apparaître
la concentration où il s'était abîmé en lui-même et dans

son écriture : γύναι, ποῦ εἰσιν ; « Femme, où sont-ils ? »
(8, 10). La proximité de Jésus avec la femme adultère,
dans une distance inaccessible à ceux qui forment cercle
autour d'eux, n'est pas sans rappeler l'immédiateté avec
laquelle il s'adressa déjà, près du puits dans le désert,
à la femme de Samarie, à l'étonnement des disciples,
elle qui déjà n'avait pas de mari, ou avait eu cinq maris,
vivant avec celui qui n'était pas son mari, selon les trois
indications données par Jésus (4, 18). Proche d'elles,
selon la confiance qu'elles lui accordent à chaque fois
lorsqu'elles le reconnaissent, étranger à ceux qui lui
tendent un piège, Jésus se retire dans l'énigme. Pour
elles il est le Seigneur. Pour eux il est maître (λέγουσιν
αὐτῷ· διδάσκαλε... : « Ils lui disent : "Maître"... », 8,
4). Toutes deux ont vu, comme Nathanaël, l'Israélite
sine dolo, dans le maître, le Seigneur [1].

Or l'enseignement d'un tel maître, aux yeux des
Juifs, n'est pas moins énigmatique. Car Jésus n'a pas
étudié. Il est maître sans avoir lui-même jamais eu de
maîtres. Comment cela est-il possible, enseigner sans
jamais prendre part à une transmission plus ancienne,
pour se tenir à la source originaire de tout enseignement
et recevoir d'elle sans la moindre tradition ? ἐθαύμαζον

1. Saint Augustin fera voir magnifiquement cette solitude de Jésus
avec la femme adultère : *Relicti sunt duo, misera et misericordia [...]
Relicta autem sola illa muliere omnibusque abeuntibus, levavit oculos
suos ad mulierem* (*In Iohannis Evangelium Tractatus XXXIII*, 6, *Œuvres
de saint Augustin*, « Bibliothèque augustinienne », t. 72, trad. fr.
M.-F. Berrouard, Paris, Desclée de Brouwer, 1977, p. 704. « Ils restèrent,
tous les deux, la misérable et la Miséricorde [...] Or cette femme restée
seule et tous les autres partis, il leva les yeux vers la femme ».

οὖν οἱ Ἰουδαῖοι λέγοντες· πῶς οὗτος γράμματα οἶδεν μὴ μεμαθηκώς; « Les Juifs, donc, s'étonnaient, et disaient : "Comment celui-ci connaît-il les lettres, lui qui n'a pas étudié?" » (7, 15). Les γράμματα sont les Écritures, mais aussi les lettres : Jésus n'est pas l'un des γραμματεῖς, l'un des scribes ou des doctes qui connaissent la Loi pour l'avoir étudiée, et qui doivent être distingués des Pharisiens, bien qu'ils apparaissent conjointement avec eux. D'où vient l'autorité de Jésus dans son enseignement, et comment celui qui n'a pas étudié enseignerait-il? Jésus placera lui-même son enseignement dans la dimension du témoignage lorsqu'il fera aux Juifs une réponse qui en indiquera à la fois la provenance et l'appartenance : ἡ ἐμὴ διδαχὴ οὐκ ἔστιν ἐμὴ ἀλλὰ τοῦ πέμψαντός με. « Mon enseignement n'est pas le mien, mais l'enseignement de celui qui m'a envoyé » (7, 16). Jésus ainsi ne parle pas de lui-même. La première personne en lui parle pour une troisième personne toujours absente. Cette troisième personne est source, l'unique source. Jésus n'a pas étudié, mais parle à partir de la source dont les « Écritures » elles-mêmes proviennent. Aussi ne reconnaît-il qu'une seule épreuve et qu'un seul jugement, lorsqu'il requiert de chacun qu'il regarde en lui ce qu'il veut lui-même, et s'il veut la volonté de celui-là qui envoya le Christ. Alors il saura aussi d'où vient l'enseignement du Christ : ἐάν τις θέλῃ τὸ θέλημα αὐτοῦ ποιεῖν, γνώσεται περὶ τῆς διδαχῆς πότερον ἐκ τοῦ θεοῦ ἐστιν ἢ ἐγὼ ἀπ' ἐμαυτοῦ λαλῶ. « Si quelqu'un veut faire sa volonté, il saura si l'enseignement est de Dieu ou si, moi, je parle à partir

de moi-même » (7, 17). Il faudra prendre garde à cet
étrange jugement, qui est reconnaissance. Chacun est
renvoyé à lui-même, à une volonté personnelle qu'il
devra d'abord, ainsi, examiner, se tournant vers lui-
même. Et c'est seulement lorsqu'une telle volonté se
découvrira à lui (peut-être au premier regard, peut-être
sans qu'aucune question n'ait même le temps d'apparaître)
comme ne lui étant, en rien, propre, mais comme lui
venant de Dieu, lui-même ne voulant rien d'autre que
la volonté de Dieu, que la parole du Christ s'éclairera
comme provenant de la même source. Chacun, ainsi,
jugera l'enseignement du Christ non pas du tout selon
sa propre mesure, mais selon la mesure de la volonté
qu'il a faite sienne, et qui ne lui est pas originairement
propre. Si cette volonté-ci est de Dieu, il reconnaîtra,
en cet enseignement-là, l'enseignement de Dieu. Il
jugera et reconnaîtra, et pourra se joindre au Christ
comme à celui dont l'enseignement émane de la source
qu'il reconnaît aussi s'écouler en lui-même, sur le mode,
en ce lieu intérieur, de la volonté. Dieu ressemble à Dieu,
et ainsi seulement un « enseignement », une parole, à
une « volonté », silencieuse, mais agissante. Mais surtout,
si l'enseignement du Christ, autrement dit de celui qui
l'a envoyé, peut ainsi rejoindre une volonté devenue
mienne, mais venant elle aussi de Dieu, c'est qu'il
concerne lui-même originairement la volonté, autrement
dit sera essentiellement l'enseignement d'un
commandement. Il est l'enseignement d'une Loi. La
Loi dont il s'agit dans l'enseignement du Christ n'est
autre que la Loi de Dieu. Or c'est en effet la Loi qui

viendra plus loin en question dans les paroles que le Christ tient aux Juifs, et l'appropriation par chacun de la Loi de Moïse, non par l'étude, mais par la volonté, selon ce qu'il fera : Οὐ Μωϋσῆς δέδωκεν ὑμῖν τὸν νόμον; καὶ οὐδεὶς ἐξ ὑμῶν ποιεῖ τὸν νόμον. τί με ζητεῖτε ἀποκτεῖναι; « Moïse ne vous a-t-il pas donné la Loi? Et aucun de vous n'accomplit la Loi. Pourquoi cherchez-vous à me faire mourir? » (7, 19). Celui qui veut la volonté de Dieu est celui qui accomplit la Loi, puisque la Loi est de Dieu, et, venant de la volonté, s'adresse à la volonté. Et ainsi celui qui accomplit la Loi reconnaîtra aussi l'enseignement du Christ, avec son commandement pour la volonté, comme enseignement de Dieu. Accomplir la Loi est plus haut qu'étudier la Loi. Seul celui qui se tient à la hauteur de l'accomplissement discernera, reconnaîtra l'enseignement du Christ comme celui de Dieu, venant de la même source que la Loi que lui-même n'étudie pas seulement, mais n'a jamais cessé de vouloir mettre en œuvre.

Mais alors il est clair que la volonté en laquelle Jésus se tient est volonté de la manifestation. C'est à partir d'une telle manifestation, c'est-à-dire de l'ἀλήθεια elle-même, qu'Israël recevra son sens, à partir de l'attente de celle-ci et de sa reconnaissance. L'enseignement de Jésus appartient à la manifestation de celui qui l'a envoyé, et qui ne l'a envoyé pour rien d'autre que pour la manifestation. La vérité de son enseignement se tient sous la volonté de manifestation, elle-même tournée vers la source : ὁ ἀφ᾽ ἑαυτοῦ λαλῶν τὴν δόξαν τὴν ἰδίαν ζητεῖ· ὁ δὲ ζητῶν τὴν δόξαν τοῦ πέμψαντος αὐτόν οὗτος

ἀληθής ἐστιν καὶ ἀδικία ἐν αὐτῷ οὐκ ἔστιν. « Celui qui
parle à partir de lui-même recherche sa propre gloire ;
celui qui cherche la gloire de celui qui l'a envoyé,
celui-là est vrai et en lui il n'est pas d'injustice » (7,
18). La manifestation n'est vraie que pour autant
qu'apparaît en elle la source. Qu'une telle source
n'apparaisse, en un sens, jamais, ou ne soit apparue à
aucun homme, n'enlève rien à une telle condition : la
vérité de l'apparaître, de toute révélation et de toute
parole qui révèle, est ordonnée à la volonté qui veut en
elle laisser apparaître la source, et ainsi ordonnée à une
telle source elle-même, que « personne n'a jamais vue ».
La manifestation vraie est alors elle-même dévoilante
pour celui qui la reçoit. Comme celui qui se tient dans
la vérité de la source est « sans injustice », ainsi celui
qui reçoit la manifestation est-il « sans ruse », comme
cela fut dit de Nathanaël : ἴδε ἀληθῶς Ἰσραηλίτης ἐν ᾧ
δόλος οὐκ ἔστιν. « Voici un Israélite selon la vérité en
lequel il n'est pas de ruse » (1, 47). Celui qui est « vrai »
est reçu de celui qui est sans ruse, celui qui est
« vraiment », ἀληθῶς, sur le mode de la vérité elle-
même, celui qu'il est, Israélite étudiant la Loi sous le
figuier, – mais alors, comme il est requis, en vue de
l'accomplir. Non seulement, alors, une telle manifestation
s'adresse à Israël, mais elle émane de la source dont la
Loi d'Israël provient elle-même, et ainsi reconduit Israël
à la vérité dont il tient son sens. Mais il ne le reconduit
à sa vérité la plus propre et la plus originaire qu'en le
conduisant d'abord à la question sur lui-même. Plus
loin les Juifs, cherchant le sens d'une parole énigmatique

de Jésus (ζητήσετέ με καὶ οὐχ εὑρήσετέ [με], καὶ ὅπου εἰμὶ ἐγὼ ὑμεῖς οὐ δύνασθε ἐλθεῖν. « Vous me chercherez et vous ne me trouverez pas, et, là où je suis, vous ne pouvez venir », 7, 34), se demanderont à qui il s'adresse et s'adressera, à qui, ainsi, son enseignement est destiné : ποῦ οὗτος μέλλει πορεύεσθαι ὅτι ἡμεῖς οὐχ εὑρήσομεν αὐτόν; μὴ εἰς τὴν διασπορὰν τῶν Ἑλλήνων μέλλει πορεύεσθαι καὶ διδάσκειν τοὺς Ἕλληνας; « Où est-il sur le point de se rendre pour que nous ne le trouvions pas ? Est-il sur le point de se rendre dans la diaspora des Grecs, et d'enseigner les Grecs ? » (7, 35). Qui sont les Grecs ? Quelle est la « diaspora des Grecs » ? Appartient-elle, ou non, à Israël, et quelle est ici, au juste, l'inquiétude des Juifs du récit de Jean ? Si la diaspora indique la dispersion du peuple élu, ou la communauté dispersée elle-même, ou le lieu d'une telle dispersion[1], les Grecs forment le peuple vers lequel, d'une façon ou d'une autre, pourrait être tourné, selon les Juifs qui s'en inquiètent (mais ne s'en enquièrent pas auprès de Jésus), cet enseignement. Jésus pourrait être celui qui, donnant un enseignement qu'il n'a reçu d'aucun maître d'Israël, prétendant le tenir de Dieu lui-même, adresserait celui-ci aux Grecs, ou à ceux d'Israël qui vivent parmi les Grecs. Une telle perplexité des Juifs concerne ainsi, avec la provenance, tout autant la destination de Jésus et de son enseignement. Si la

---

1. Bultmann l'indique d'après la traduction des Septante dans une note de son commentaire (*Das Evangelium des Johannes, op. cit.*, p. 233, n. 6), ainsi que Schnackenburg (*Das Johannesevangelium, op. cit.*, II. Teil, p. 208 *sq.*) et Zumstein (*L'Évangile selon saint Jean, op. cit.*, I, p. 266).

CHAPITRE V

L'HEURE

Geh, deine Stunde
hat keine Schwestern, du bist –
bist zuhause.

Va, ton heure
n'a pas de sœurs, tu es –
tu es à la maison [1].

Le récit entier de Jean est tourné vers une certaine heure à venir. Celle-ci jette son ombre sur tout ce qui est dit, tout ce qui est écrit, sur chaque geste et sur chaque parole de Jésus comme sur chacun des événements recueillis dans l'évangile. L'heure à venir est l'heure du dévoilement. Mais l'heure de la manifestation, c'est-à-dire l'heure de la gloire, dans Jean, est aussi l'heure de la mort. La même heure est réservée à la manifestation et à l'adieu. L'heure est la dernière heure, l'heure qui « n'a pas de sœurs ». Cette heure fut annoncée dès le commencement, et à plusieurs reprises, mais toujours sur le mode oblique, incompréhensible, propre à Jésus.

1. Paul Celan, *Engführung*, janvier 1958, dans *Sprachgitter*, 1959. *Die Gedichte, Kommentierte Gesamtausgabe*, hrsgg. u. komm. v. Barbara Wiedemann, Frankfurt, Suhrkamp, 5. Auflage 2014, p. 113.

Elle l'est d'abord, lors des noces de Cana, dans une parole rude adressée à sa mère : τί ἐμοὶ καὶ σοί, γύναι; οὔπω ἥκει ἡ ὥρα μου. « Qu'y a-t-il entre toi et moi, femme ? Mon heure n'est pas encore venue » (2, 4). Jésus, s'éloignant de sa mère, se retire dans une distance qu'il n'est pas possible de franchir. *Procul dubio, fratres, latet ibi aliquid*, commentera saint Augustin, intrigué par cette rudesse de Jésus envers sa mère [1]. Il donnera plus loin le sens d'une telle dureté apparente, l'éclairant à partir de la fin, précisément à partir de l'heure lorsqu'elle sera venue, à partir de la présence de la mère, en cette heure finale, près du Fils. L'heure dernière en effet les réunira, « toi » et « moi ». À la dure parole : « Qu'y a-t-il entre toi et moi, femme ? », répondront presque les derniers mots, prononcés à la dernière heure : Εἱστήκεισαν δὲ παρὰ τῷ σταυρῷ τοῦ Ἰησοῦ ἡ μήτηρ αὐτοῦ καὶ ἡ ἀδελφὴ τῆς μητρὸς αὐτοῦ, Μαρία ἡ τοῦ Κλωπᾶ καὶ Μαρία ἡ Μαγδαληνή. Ἰησοῦς οὖν ἰδὼν τὴν μητέρα καὶ τὸν μαθητὴν παρεστῶτα ὃν ἠγάπα, λέγει τῇ μητρί· γύναι, ἴδε ὁ υἱός σου. εἶτα λέγει τῷ μαθητῇ· ἴδε ἡ μήτηρ σου. καὶ ἀπ' ἐκείνης τῆς ὥρας ἔλαβεν ὁ μαθητὴς αὐτὴν εἰς τὰ ἴδια. « Près de la croix de Jésus se tenaient sa mère et la sœur de sa mère, Marie, femme de Clopas, et Marie de Magdala. Jésus donc voyant sa mère et, se tenant à côté d'elle, le disciple qu'il aimait dit à sa mère : "Femme, voici ton fils". Puis il dit au disciple : "Voici ta mère". Et à partir de cette heure le disciple la prit

---

1. « Sans aucun doute, frères, quelque chose ici se tient caché ». *In Iohannis Evangelium Tractatus VIII*, 5, *Œuvres de saint Augustin*, « Bibliothèque augustinienne », t. 71, *op. cit.*, p. 476.

chez lui » (19, 25-27). À la distance de Cana répondra
la douceur de l'heure dernière, l'heure, pourtant, la plus
dure, où il confiera l'un à l'autre une mère, qui est la
sienne, et un fils, son disciple, qui devient ainsi son frère
au-delà de sa propre mort. S'éloignant, ainsi, à nouveau
de sa mère, il ne l'abandonne pas, il ne la laisse pas
seule, comme il ne laissera jamais seuls ses disciples,
après son second départ, succédant à son retour, leur
laissant, alors, la nouvelle présence de l'esprit, le nouveau
sens de toute présence, qui porte ce nom. L'heure dernière
n'est celle de la séparation que pour autant qu'elle
accomplit aussi une telle union. Voilà ce qui, selon saint
Augustin, était déjà contenu dans la parole que Jésus
dit à sa mère à Cana : *Quod de me facit miraculum, non
tu genuisti, divinitatem meam non tu genuisti ; sed quia
genuisti infirmitatem meam, tunc te cognoscam, cum
infirmitas pendebit in cruce.* « Ce qui en moi fait le
miracle, tu ne l'as pas enfanté, la divinité, tu ne l'as pas
enfantée ; mais parce que tu as enfanté ma faiblesse, je
te reconnaîtrai alors, lorsque cette faiblesse sera
suspendue à la croix »[1]. L'heure sera celle de l'extrême
faiblesse, la dernière heure sera celle de la faiblesse
ultime, et alors il reconnaîtra sa mère.

Mais à Cana rien n'apparaît encore, rien d'autre que
la confiance absolue de la mère envers le Fils : ὅ τι ἂν
λέγῃ ὑμῖν ποιήσατε. « Quoi qu'il vous dise, faites-le »
(2, 5). Aussi l'heure reste-t-elle entièrement énigmatique :
quelle sera-t-elle, et quand viendra-t-elle ? Elle est aussi,
dans l'évangile, le temps ou l'instant favorable, καιρός,

1. *Tractatus VIII*, 9, *op. cit.*, p. 490.

elle est « mon temps », et elle sera apparue comme
instant propice à la manifestation lorsque Jésus aura
répondu à ses frères qui lui enjoignaient de se manifester
au monde (φανέρωσον σεαυτὸν τῷ κόσμῳ. « Manifeste-
toi au monde », 7, 4) : ὁ καιρὸς ὁ ἐμὸς οὔπω πάρεστιν,
ὁ δὲ καιρὸς ὁ ὑμέτερος πάντοτέ ἐστιν ἕτοιμος. « Mon
temps n'est pas encore là, votre temps, à vous, est toujours
favorable » (7, 6). L'heure est καιρός, et en ce sens elle
est « mon heure ». Cette première personne sous laquelle
l'heure se tient, en tant qu'elle est « mon heure », la
place en vérité sous la volonté de celui qui est Seigneur :
c'est lui qui aura fixé l'heure, et l'heure lui appartient.
Elle n'est pas seulement l'heure de sa manifestation,
elle est avant tout l'heure de sa volonté, comme volonté
de manifestation. Que l'heure ne soit pas venue n'indique
pas la limite de sa volonté, ainsi, mais précisément
l'inverse, sa seigneurie. Lui seul décide de l'heure [1].
Pourtant, si l'heure est constamment, énigmatiquement
annoncée comme future, il arrive aussi qu'elle soit
indiquée comme l'heure qui a déjà commencé, l'heure
qui est « maintenant ». L'heure qui vient, et qui est
maintenant, est l'heure de la vie : ἀμὴν ἀμὴν λέγω ὑμῖν
ὅτι ἔρχεται ὥρα καὶ νῦν ἐστιν ὅτε οἱ νεκροὶ ἀκούσουσιν
τῆς φωνῆς τοῦ υἱοῦ τοῦ θεοῦ καὶ οἱ ἀκούσαντες ζήσουσιν.

---

1. Saint Augustin la décrira ainsi, commentant Jn 8, 20 : *Hanc ergo
horam ille exspectabat, non fatalem, sed opportunam et voluntariam, ut
prius omnia complerentur quae ante passionem ipsius compleri oportebat*
(*In Iohannis Evangelium Tractatus XXXVII*, 9, *Œuvres de Saint Augustin*,
« Bibliothèque augustinienne », t. 73A, trad. fr. M.-F. Berrouard, Paris,
1988, p. 238). « Lui donc attendait cette heure, non pas fatale, mais
opportune et volontaire, pour que tout ce qui devait être accompli avant
sa Passion fût accompli à l'avance ».

« En vérité, en vérité, je vous le dis, l'heure vient, et c'est maintenant, où les morts entendront la voix du Fils de Dieu, et ceux qui l'auront entendue vivront » (5, 25). L'heure est future, mais le futur est maintenant. Il faut tenir les deux ensemble : l'heure est la dimension à la fois de ce qui vient et de ce qui a déjà commencé. L'heure est celle du renversement de la mort en la vie. Un tel renversement adviendra par la parole, et même la parole qui résonne, il s'accomplira dans la voix qui parviendra aux morts : l'heure sera celle où la voix résonnera et sera entendue des morts : μὴ θαυμάζετε τοῦτο, ὅτι ἔρχεται ὥρα ἐν ᾗ πάντες οἱ ἐν τοῖς μνημείοις ἀκούσουσιν τῆς φωνῆς αὐτοῦ. « Ne vous étonnez pas de ceci, car l'heure vient où tous ceux qui sont dans les tombeaux entendront sa voix » (5, 28). L'heure de la vie sera celle où sa voix parlera aux morts, qui l'entendront. L'heure de la vie, de la voix qui donne vie, concernera la mort, accomplissant le renversement de la mort. L'heure à venir, l'heure qui vient déjà et qui est déjà « maintenant », est l'heure de la mort et de la vie. Ainsi est attestée la façon dont « son » heure, qui est sa dernière heure, la dernière heure de sa vie, sera aussi l'heure des morts, mais, par un renversement décisif, *la dernière heure de leur mort*, leur résurrection à la vie. L'heure sous laquelle se tient tout le récit de Jean est l'heure d'un tel accomplissement. Mais que dira cette voix ? Quelle parole retentira à cette heure-là ? Que veut dire : « Ils entendront la voix » ? Ce qu'elle dira, elle le dit déjà. Si l'heure est « maintenant », cela veut dire que la parole et la voix qui la prononce résonnent « maintenant » : la parole est présente, sa présence qui résonne est celle de Jésus, en personne, parlant avant de a pour sens : « ils obéiront », *obaudient* [1]. Mais si, en 5, 28, il est dit que « tous entendront », cela ne veut plus dire que tous suivront, mais que tous se relèveront selon le partage de la résurrection à venir, entre le jugement et la vie : καὶ ἐκπορεύσονται οἱ τὰ ἀγαθὰ ποιήσαντες εἰς ἀνάστασιν ζωῆς, οἱ δὲ τὰ φαῦλα πράξαντες εἰς ἀνάστασιν κρίσεως. « Et ils sortiront, ceux qui auront fait le bien, pour la résurrection de la vie, ceux qui auront fait le mal, pour la résurrection du jugement » (5, 29). La seconde résurrection est elle-même double, elle voit s'ouvrir la grande séparation johannique entre le chemin de la vie et le chemin du jugement. Le premier chemin est celui qui s'ouvrait déjà avec la première résurrection, en sorte que c'est elle qui advient une seconde fois, et relève le corps. Celui qui a entendu entendra à nouveau et ira à la vie. Celui qui n'a pas entendu, entendra, et ira au jugement. L'heure vient, et elle est « maintenant ». La première et la seconde résurrection sont le même et unique passage de la mort à la vie, tel qu'il commence avec l'appel de Jésus, « maintenant », et adviendra à nouveau au-delà du tombeau. Jean l'avait déjà écrit plus haut : ὁ τὸν λόγον μου ἀκούων καὶ πιστεύων τῷ πέμψαντί με ἔχει ζωὴν αἰώνιον καὶ εἰς κρίσιν οὐκ ἔρχεται, ἀλλὰ μεταβέβηκεν ἐκ τοῦ θανάτου εἰς τὴν ζωήν. « Celui qui écoute ma parole et a foi en celui qui m'a envoyé a la vie éternelle, et il ne vient pas en jugement, mais il est passé de la mort à la vie » (5, 24). Il n'y aura ainsi aucun lieu d'opposer la foi et les œuvres dans un texte qui ne

1. *Ibid.*, 10, p. 182.

fait rien d'autre que les tenir ensemble : celui qui écoute la parole et « a foi » au Père et celui qui « a fait le bien » sont un seul, et celui-là est préservé du jugement, et ainsi préservé de la mort à laquelle il appartenait[1], qu'il soit « mort », voué à la mort, ou « dans le tombeau ». La résurrection n'est pas seulement à venir, la résurrection a déjà commencé[2].

Tout, ainsi, se tient dans l'ombre de l'heure dernière, d'une fin qui commence à venir. Cette ombre est celle de la mort, mais elle est celle de la vie, puisque c'est la vie qui s'avance avec cette heure mortelle. L'heure de la vie a commencé avec la parole, le maintenant de la parole présente, et elle vient ou plutôt elle « est venue » lorsque Jésus, dans l'évangile, entre dans sa propre fin, le « maintenant » de la mort, la Passion. Dans Jean, elle prend la figure précise de l'adieu, c'est-à-dire d'un départ qui lui-même ne reste pas sans mots. L'adieu est la séparation dans la parole. Ce « maintenant » de l'adieu reçoit dans Jean une ampleur qu'aucun autre évangéliste ne lui donna.

---

1. Pour un état des difficultés exégétiques concernant les questions eschatologiques posées par ce passage, on se reportera à Rudolf Schnackenburg, *Das Johannesevangelium, op. cit.*, II. Teil, p. 144 *sq.* et Jean Zumstein, *L'Évangile selon saint Jean, op. cit.*, t. I, p. 187 *sq*, rappelant la tension entre l'eschatologie présentéiste et l'eschatologie traditionnelle, apocalyptique.

2. On pourra se reporter aux analyses théologiques de Joseph Ratzinger dans son grand livre sur l'eschatologie : *Auferstehung und ewiges Leben*, *Gesammelte Schriften*, Bd. 10, Freiburg, Herder, 2012, p. 133-135 (*Eschatologie. Tod und ewiges Leben*, in : *Kleine Katholische Dogmatik*, Regensburg, 1977).

L'adieu commence avec la venue du « roi d'Israël »
dans sa ville, Jérusalem (12, 12). Le « maintenant » qui
commence est celui de l'accomplissement, l'heure qui
est, ainsi, la sienne authentiquement, « mon heure »,
l'heure de la manifestation : ἐλήλυθεν ἡ ὥρα ἵνα δοξασθῇ
ὁ υἱὸς τοῦ ἀνθρώπου. « L'heure est venue pour le Fils
de l'homme d'être glorifié » (12, 23). Qui est « le Fils
de l'homme » ? Des traits qui le caractérisent dans Jean [1],
il faudra peut-être retenir celui-ci, que ce nom tient lieu
de la première personne, et ainsi n'est jamais prononcé
que par Jésus lui-même, dont il indique la dignité, de
façon frappante, particulièrement lorsqu'il s'agit de son
ascension, de son élévation, de sa glorification. C'est
lui, le « Fils de l'homme », qui est élevé, glorifié, à
l'heure dernière, l'heure de la mort, de la mort qui est
sa gloire. L'heure de l'élévation du Fils de l'homme est
pourtant l'heure où lui-même doit dire adieu à lui-même,
et cette heure ne peut être écartée de lui. La séparation
de l'adieu, *Abschied*, est celle du détachement. La venue
de l'heure est pour Jésus l'entrée, la plus difficile, dans
le détachement final. Il abandonne ce qui est son « âme »,
et à travers elle la dimension tout entière dans laquelle

---

1. Où il apparaît douze fois. Ils sont rassemblés par Carsten Colpe
pour le *Theologisches Wörterbuch zum Neuen Testament*, begr. von
G. Kittel, hrsg. von G. Friedrich, Stuttgart, Kohlhammer, VIII, p. 468 *sq.*,
qui en rappelle les sources dans l'apocalyptique juive. On se reportera
à Joseph Ratzinger, *Jesus von Nazareth. Beiträge zur Christologie*,
E. Teilband, *Gesammelte Schriften*, Bd. 6/1, Freiburg-Basel-Wien, Herder,
2013, « Von der Taufe im Jordan bis zur Verklärung », chap. 10,
« Selbstaussagen Jesu », « Der Menschensohn », p. 388 *sq.* (*Jésus de
Nazareth. La figure et le message*, trad. fr. S. Garoche, *op. cit.*, I ʳᵉ partie,
chap. 14, p. 367 *sq.*).

elle se tient et en laquelle l'homme s'est tenu jusqu'à présent, le monde : ὁ φιλῶν τὴν ψυχὴν αὐτοῦ ἀπολλύει αὐτήν, καὶ ὁ μισῶν τὴν ψυχὴν αὐτοῦ ἐν τῷ κόσμῳ τούτῳ εἰς ζωὴν αἰώνιον φυλάξει αὐτήν. « Celui qui aime son âme la perd, et celui qui hait son âme dans ce monde la gardera pour la vie éternelle » (12, 25). Ce n'est pas là une vie qui s'opposerait à une autre, c'est l'« âme » qui se détache d'elle-même, et du monde qui est le domaine de son être, pour entrer dans la seule vie, la vie éternelle. La « vie » qu'elle a en tant qu'âme n'est pas commensurable à la vie qu'elle reçoit lorsqu'elle abandonne la sienne, lorsqu'elle meurt. Une telle vie s'oppose au monde, comme elle s'oppose au jugement, qui ne concerne aucune autre dimension que le monde. Mais l'heure de laisser le monde est l'heure la plus difficile. Apparaît alors la dimension essentielle du « maintenant » : Νῦν ἡ ψυχή μου τετάρακται, καὶ τί εἴπω ; πάτερ, σῶσόν με ἐκ τῆς ὥρας ταύτης ; ἀλλὰ διὰ τοῦτο ἦλθον εἰς τὴν ὥραν ταύτην. « Maintenant mon âme est troublée, et que vais-je dire ? Père, sauve-moi de cette heure ? Mais je suis venu pour cela, pour cette heure » (12, 27). À qui alors Jésus adresse-t-il ces mots du Psaume ?[1] Parle-t-il encore à Philippe et à André ? Que dire, et à qui le dire ? L'« âme » entre dans le tremblement pour sa vie, où rien ne demeure qui ne se tienne déjà dans l'ombre de l'heure dernière. Entrant dans cette fin-là, elle rejoint sa vocation la plus propre, car elle n'était venue pour rien d'autre, elle entre dans l'accomplissement. Cette « âme », et avec elle et pour elle la dimension même

---

1. Ps 6, 4 *sq.*

du monde, touchent à leur fin propre. Tout prend fin. Jésus est venu pour cette fin-là, il est venu pour mourir. Au : « Père, sauve-moi de cette heure » répond la parole juste, accordée à la mission : πάτερ, δόξασόν σου τὸ ὄνομα. « Père, glorifie ton nom » (12, 28). L'heure de l'élévation du Fils de l'homme, de sa glorification, est celle de la glorification du nom du Père, qui l'a envoyé. L'impératif n'est pas celui du commandement, mais celui de la prière. Il répond, dans Jean, à celui qu'auront transmis Matthieu, en 6, 9, et Luc, en 11, 2 : Πάτερ ἡμῶν ὁ ἐν τοῖς οὐρανοῖς / ἁγιασθήτω τὸ ὄνομά σου. « Notre Père qui es aux cieux, / que ton nom soit sanctifié ». La glorification est la manifestation du Père en tant que Père, de la sainteté de son nom, qui le manifeste comme celui qu'il est. La glorification du Fils est aussi la glorification du nom du Père. Mais en quel sens le Père apparaît-il alors en tant que Père ? Jésus l'éclaircira plus loin, dans la prière qu'il lui adressera, donnant alors le sens du cercle de la glorification, du cercle de la manifestation qui est l'accomplissement propre de l'heure dernière : πάτερ, ἐλήλυθεν ἡ ὥρα· δόξασόν σου τὸν υἱόν, ἵνα ὁ υἱὸς δοξάσῃ σέ. « Père, l'heure est venue : glorifie ton Fils, pour que ton Fils te glorifie » (17, 1). L'élévation du Fils de l'homme est la glorification du Père, en sorte que leur gloire ne forme qu'une seule gloire, une unique manifestation. Comme, selon le cercle du témoignage, l'un témoigne pour l'autre, à présent l'un glorifie l'autre. Le sens d'une telle manifestation est alors ainsi éclairci : καθὼς ἔδωκας αὐτῷ ἐξουσίαν πάσης σαρκός, ἵνα πᾶν ὃ δέδωκας αὐτῷ δώσῃ αὐτοῖς ζωὴν αἰώνιον. αὕτη δέ ἐστιν ἡ αἰώνιος ζωή

ἵνα γινώσκωσιν σὲ τὸν μόνον ἀληθινὸν θεὸν καὶ ὃν
ἀπέστειλας Ἰησοῦν Χριστόν. ἐγώ σε ἐδόξασα ἐπὶ τῆς γῆς
τὸ ἔργον τελειώσας ὃ δέδωκάς μοι ἵνα ποιήσω· καὶ νῦν
δόξασόν με σύ, πάτερ, παρὰ σεαυτῷ τῇ δόξῃ ᾗ εἶχον
πρὸ τοῦ τὸν κόσμον εἶναι παρὰ σοί. « Pour que, selon
l'autorité que tu lui as donnée sur toute chair, il donne
à tous ceux que tu lui as donnés vie éternelle. Or la vie
éternelle est qu'ils te connaissent, toi, le seul Dieu
véritable, et celui que tu as envoyé, Jésus Christ. Moi,
je t'ai rendu gloire sur la terre, j'ai accompli l'œuvre
que tu m'as donné de faire : et maintenant, toi, rends-
moi gloire auprès de toi, de cette gloire que j'avais
auprès de toi avant que le monde ne fût » (17, 2-5). La
demande de Jésus est celle du Fils au Père, et la
glorification est l'accomplissement de cette filiation,
où, si le Fils reçoit du Père, il donne aussi au Père d'être
Père. Selon un tel cercle, qui s'accomplit comme cercle
de la gloire, le Fils donne au Père ce que le Père lui
donne. L'un se manifeste dans celui qui, recevant de lui
la manifestation de lui-même, le manifeste, en sorte que
la manifestation a pour source et destination le Père, et
que son chemin unique est le Fils. Unique chemin, en
tant que le Fils est Seigneur, selon la dimension qui
s'appelle ici ἐξουσία, « autorité », en vertu de laquelle
le Fils est Seigneur de la vie : « Seigneur » est ici celui
qui peut donner et qui donne. Que donne-t-il et comment
donne-t-il en donnant vie éternelle ? Il donne la vie en
donnant de connaître Dieu, plus précisément la vérité
du vrai Dieu, la vérité qui est Jésus Christ, celui que
Dieu a envoyé. La vie qu'il donne n'est autre que

l'ἀλήθεια elle-même, et l'ἀλήθεια vient ou est venue
dans la première personne du singulier, Jésus qui seul
peut dire : « Je suis la vérité ». La manifestation n'est
rien d'autre ainsi que l'accomplissement d'une telle
venue de la vérité qui est la venue de la vie. La gloire
en son cercle, entre le Père et le Fils, est le nom de cet
accomplissement. L'heure de la gloire est l'heure de la
vérité, de son ultime et parfaite venue en présence. Or
cette heure est celle de la Passion et de la mort. Ainsi
doit s'accomplir le grand renversement johannique,
selon lequel l'heure de la vie sera l'heure de la mort,
en tant qu'heure de la vérité. Un tel cercle est celui dans
lequel toute chair se trouve comprise et sauvée par celui
qui est à chaque fois son Seigneur et a autorité sur elle,
mais il est aussi celui par lequel s'accomplit la vie de
θεός, la proximité du Fils avec le Père, le se tenir de
l'un auprès de l'autre, autrement dit le commencement
tel que le Prologue en avait donné le sens. La seule
préposition παρά doit indiquer cette intimité du Père et
du Fils s'accomplissant dans le cercle de la gloire. Que
l'homme, que « toute chair » soit appelée à entrer dans
ce cercle de la gloire, le cercle de la vérité et le cercle
de la vie, telle est la nouvelle de Jean.

Mais cette dimension ultime en laquelle est entré
Jésus présente encore un autre aspect. Elle est « son
heure », l'heure de la manifestation, l'heure de la mort
et l'heure de la vérité. Mais elle est aussi l'heure de
l'amour. Jean l'écrit précisément et simplement : Πρὸ
δὲ τῆς ἑορτῆς τοῦ πάσχα εἰδὼς ὁ Ἰησοῦς ὅτι ἦλθεν αὐτοῦ
ἡ ὥρα ἵνα μεταβῇ ἐκ τοῦ κόσμου τούτου πρὸς τὸν πατέρα,

ἀγαπήσας τοὺς ἰδίους τοὺς ἐν τῷ κόσμῳ, εἰς τέλος ἠγάπησεν αὐτούς. « Avant la fête de la Pâque, Jésus, qui savait que son heure était venue de passer de ce monde vers le Père, lui qui avait aimé les siens qui étaient dans le monde, les aima jusqu'à la fin » (13, 1). L'heure du départ est la même que l'heure de l'amour extrême, l'heure de l'accomplissement de l'amour, sous le signe de laquelle aura lieu la nouvelle Pâque. Ici, dans le redoublement du passé, du participe à l'indicatif aoriste, « [les] ayant aimés il les aima jusqu'à la fin », est indiquée la fidélité par laquelle l'amour demeure. Son amour s'est déployé dans le monde, est allé à ceux qui dans le monde étaient les siens, et s'étend jusqu'à la dernière heure, l'heure du passage hors du monde. Qui sont les « siens » ? S'agit-il seulement des disciples qui l'entourent déjà ?[1] « Les siens » dès le Prologue avaient désigné Israël, et ils se tenaient alors dans une négation essentielle (καὶ οἱ ἴδιοι αὐτὸν οὐ παρέλαβον, « et les siens ne l'ont pas accueilli », 1, 11). L'évangile de Jean était alors entièrement tourné vers le sens d'Israël. À présent, les limites de la communauté des « siens » ne peuvent être autres que celles de l'amour lui-même. Or il s'agit encore du sens d'Israël, c'est-à-dire, désormais, du sens qu'Israël et la Pâque d'Israël reçoivent à partir de l'amour. Dans les deux cas, il est question du monde. Si le monde ne l'a pas accueilli, il a pourtant

---

1. Ainsi H. W. Baartsch dans l'*Exegetisches Wörterbuch zum neuen Testament*, hrsg. v. H. Balz und G. Schneider, Stuttgart, Kohlhammer, 3. Auflage, 2011, art. ἴδιος, p. 423, qui rappelle que la communauté en a été constituée en Jn 6, 60-71.

aimé le monde, même lorsqu'il a distingué « les siens » dans le monde et du monde. « Monde » à nouveau ne désigne pas seulement le domaine qui doit être aboli ou le règne qui doit être renversé, mais le domaine où les disciples, enlevés à sa loi, sont pourtant envoyés, et celui qu'il s'agit de sauver, comme Jean, avant le récit de l'adieu, en a rappelé la parole (οὐ γὰρ ἦλθον ἵνα κρίνω τὸν κόσμον, ἀλλ' ἵνα σώσω τὸν κόσμον. « Car je ne suis pas venu pour juger le monde mais pour sauver le monde », 12, 47). Si par conséquent les dernières paroles sont adressées aux disciples, la communauté des « siens » reste pourtant essentiellement à venir. Les disciples, « les siens », sont ceux auxquels Jésus confie cet avenir. Ainsi, les siens sont et ne sont pas les disciples. Les siens sont Israël dans le sens de la communauté à venir, dont les disciples ont la charge. Pour cette charge, ils ne resteront pas sans parole ni enseignement. « Les siens » indiquent par conséquent la communauté que les disciples, qui sont déjà « les siens », sont appelés à faire advenir.

Il les aima jusqu'à la fin, εἰς τέλος. La fin se tient dans l'amour. Quel est le sens, dans Jean, d'une telle indication ? La fin est aussi le plus haut et l'extrême. Jean indique ce qui est imminent, l'accomplissement final, qui est l'amour final. La fin est l'heure de la manifestation, l'heure de la gloire, de la *Herrlichkeit*, la gloire selon laquelle il est Seigneur, l'heure du Seigneur qui est l'heure de l'amour. La dernière heure est celle de l'amour extrême. Le τέλος trouvera plus loin son écho, dans la dernière parole de Jésus, au dernier instant de sa vie : [ὁ] Ἰησοῦς εἶπεν· τετέλεσται, καὶ κλίνας τὴν κεφαλὴν παρέδωκεν τὸ πνεῦμα (19, 30). « Jésus dit : « C'est accompli », et, inclinant la tête, il remit l'esprit ». L'heure elle-même est passée, l'accomplissement a eu lieu, la mort, à cet instant, vient. Mais la mort, fin et accomplissement, a aussi le sens d'un don, celui par lequel est remis l'esprit. Il ne s'agit pas seulement de la vie, pas seulement de l'« âme », pas seulement de « son esprit ». L'heure finale est celle de τὸ πνεῦμα, celle de l'esprit, c'est-à-dire de la manifestation à venir selon laquelle, lorsque lui part, il vient. L'heure mortelle est l'heure spirituelle. Il n'est possible de le comprendre que si l'on aperçoit en quelle mesure l'heure de la mort est l'heure de l'amour.

Revenons au commencement. L'heure de l'amour sera entièrement placée sous le geste qui est un signe, le lavement des pieds. Que montre ce signe, simple entre tous ? Il atteste l'identité de la seigneurie et de l'amour. Jean établit ce geste en sa simplicité au cœur d'un drame immense et invisible : Καὶ δείπνου γινομένου, τοῦ διαβόλου ἤδη βεβληκότος εἰς τὴν καρδίαν ἵνα παραδοῖ αὐτὸν Ἰούδας Σίμωνος Ἰσκαριώτου, εἰδὼς ὅτι πάντα ἔδωκεν αὐτῷ ὁ πατὴρ εἰς τὰς χεῖρας καὶ ὅτι ἀπὸ θεοῦ ἐξῆλθεν καὶ πρὸς τὸν θεὸν ὑπάγει... « Et au cours d'un repas, alors que déjà le diable avait mis au cœur de Judas Iscariote, fils de Simon, le dessein de le livrer, lui qui savait que le Père avait remis toutes choses entre ses mains et qu'il était venu de Dieu et qu'il allait vers Dieu... » (13, 2-3). Dans cette dramatique divine où le diable aussi est à l'œuvre, Jésus accomplira quelques gestes d'une simplicité énigmatique. Or chacun d'entre eux sera accompli à partir de la souveraineté de son savoir. Le diable lui-même et la pensée invisible qu'il a jetée en Judas appartiennent à ce savoir et à cette souveraineté qui en Jésus lui vient du Père, comme lui-même en provient et y retourne. Jésus se tient dans le passage qui commence, et le savoir de Jésus est aussi le savoir de l'heure qui est venue, l'heure du passage, du départ et de l'adieu, l'heure de la séparation : Πρὸ δὲ τῆς ἑορτῆς τοῦ πάσχα εἰδὼς ὁ Ἰησοῦς ὅτι ἦλθεν αὐτοῦ ἡ ὥρα ἵνα μεταβῇ ἐκ τοῦ κόσμου τούτου πρὸς τὸν πατέρα... « Avant la fête de la Pâque, Jésus, qui savait que son heure était venue de passer de ce monde vers le Père... » (13, 1). Jésus sait, et la clarté d'un tel savoir donne à chacun de ses gestes l'exactitude de ce qui doit être. Le récit nu de ces gestes simples est seul à la mesure de ce qui s'accomplit : ἐγείρεται ἐκ τοῦ δείπνου καὶ τίθησιν τὰ ἱμάτια καὶ λαβὼν λέντιον διέζωσεν ἑαυτόν. « Il se lève de table et pose ses vêtements, et, ayant pris un linge il s'en ceignit » (13, 4). Laisser ses vêtements veut dire entrer dans le chemin de la fin, le chemin d'accomplissement. Ce geste indique que l'heure est venue, il en marque le commencement. Les vêtements seront, à la fin, partagés entre les soldats romains (19, 23), mais la fin, l'heure de la fin, commence pour lui ici, avec le geste de les laisser de lui-même. La simplicité du linge dont il se ceint est l'indication de la pureté et de la nouveauté de ce qui s'accomplit. Or ce qui s'accomplit est un renversement absolu. Le Seigneur se manifeste comme le serviteur. Seigneur et serviteur

ont, à partir de cet instant, l'instant du geste le plus
simple, un unique sens. Être Seigneur, c'est servir
absolument. Car le geste est celui du service et de la
servitude [1], et le Maître ne l'accomplit que pour cette
raison. Il se dépouille et se déshabille pour entrer
désormais dans le service pur. Il y a là un renversement
décisif, de toute dignité et de tout être-seigneur reconnus
par le monde, et l'accomplissement inversé d'une gloire
secrète. Le Seigneur-serviteur entre dans l'énigme de
sa gloire, du *Herr-sein*, par aucun autre chemin que
celui de toute cette simplicité : εἶτα βάλλει ὕδωρ εἰς τὸν
νιπτῆρα καὶ ἤρξατο νίπτειν τοὺς πόδας τῶν μαθητῶν
καὶ ἐκμάσσειν τῷ λεντίῳ ᾧ ἦν διεζωσμένος. « Puis il
verse de l'eau dans le bassin et il commença à laver les
pieds des disciples et à les essuyer avec le linge dont il
était ceint » (13, 5). Ce n'est pas là seulement ablution,
et la pureté n'est pas de cette sorte. La réponse de Jésus
à Pierre le confirmera plus loin : καὶ ὑμεῖς καθαροί ἐστε,
ἀλλ'οὐχὶ πάντες. « Vous aussi vous êtes purs, mais non
pas tous » (13, 10). Il ne s'agit pas de la pureté du
baptême. Il s'agit d'une nouvelle pureté, portée par le
geste seul. Le geste est accompli avec l'unique vêtement
que Jésus a ceint, le linge qui avait lui-même le sens du
geste auquel il devait servir. Le geste est celui du service,
dans lequel le Seigneur entre entièrement, accomplissant
ainsi son sens le plus propre d'être-Seigneur. Le geste
pur n'est pas de se laver, mais de laver et d'essuyer, non

1. R. Schnackenburg, *Das Johannesevangelium*, *op. cit.*, III. Teil,
p. 19 et J. Zumstein, *L'Évangile selon saint Jean*, *op. cit.*, t. II, p. 25-26.

pas mon corps, mais celui d'un autre. Le geste pur est adressé, précisément selon l'adresse qu'indiquera Jésus, qui est celle du nouveau commandement : ἀλλήλων. « Les uns aux autres » est la dimension de l'amour. La pureté est dans cette adresse, qui va du Seigneur au disciple, du Seigneur-serviteur à celui qu'il aime. Il est Seigneur, et ne cesse de l'être : au contraire il l'est à cet instant dans la grandeur absolue de sa seigneurie, dans l'incommensurabilité de sa maîtrise : ὑμεῖς φωνεῖτέ με· ὁ διδάσκαλος, καὶ· ὁ κύριος, καὶ καλῶς λέγετε· εἰμὶ γάρ. « Vous m'appelez : "Maître" et : "Seigneur", et vous dites bien, car je le suis » (13, 13). Il n'est pas d'autre Seigneur, pas d'autre Maître. Pourtant le geste est le plus simple, et chacun est appelé à l'accomplir : ἀμὴν ἀμὴν λέγω ὑμῖν, οὐκ ἔστιν δοῦλος μείζων τοῦ κυρίου αὐτοῦ οὐδὲ ἀπόστολος μείζων τοῦ πέμψαντος αὐτόν. εἰ ταῦτα οἴδατε, μακάριοί ἐστε ἐὰν ποιῆτε αὐτά. « En vérité, en vérité, je vous le dis : le serviteur n'est pas plus grand que son seigneur, ni l'envoyé plus grand que celui l'a envoyé. Si vous savez cela, vous êtes heureux si vous le faites » (13, 16-17). Le Seigneur est le serviteur, il appelle à servir, à accomplir pour soi-même le geste qui fut celui de la seigneurie. Ce geste fut le sien, et en l'accomplissant le serviteur ne renverse assurément pas le rapport, ni la grandeur sous laquelle il se tient, mais, servant son Seigneur, il sert cependant comme lui. Il n'est de service du Seigneur que parce que le Seigneur a enobli tout service et tout serviteur, non pour abolir la différence du Seigneur et du serviteur, du maître et du disciple, de celui qui envoie et de celui qui est envoyé, mais pour abolir la servitude, donnant au service le sens de l'amour : οὐκέτι λέγω ὑμᾶς δούλους, ὅτι ὁ δοῦλος οὐκ οἶδεν τί ποιεῖ αὐτοῦ ὁ κύριος· ὑμᾶς δὲ εἴρηκα φίλους, ὅτι πάντα ἃ ἤκουσα παρὰ τοῦ πατρός μου ἐγνώρισα ὑμῖν. « Je ne vous appelle plus serviteurs, parce que le serviteur ne sait pas ce que fait son seigneur : vous, je vous ai appelés amis, parce que, tout ce que j'ai entendu de mon Père, je vous l'ai fait connaître » (15, 15). Le nom d'« ami » est plus juste pour le serviteur qui se tient dans le même savoir que son Seigneur, qui ne lui a rien caché. Non qu'il ne fût plus Seigneur, mais, lorsque lui-même s'est fait serviteur, le serviteur auquel il a donné tout ce qu'il savait est devenu « ami ». La nouvelle proximité de l'ami dans le savoir et le service que le Seigneur a accompli n'est pas l'abolition de la seigneurie, mais le renversement de son sens tel qu'il prévalait dans le monde et la logique du monde.

Mais le sens du geste pur de l'amour n'apparaîtra que si l'on prend garde à l'adversité radicale de l'étrange présence qui se laisse alors entrevoir. Il est étrange en effet qu'en cet instant précis le nom même du diable soit écrit. Καὶ δείπνου γινομένου, τοῦ διαβόλου ἤδη βεβληκότος εἰς τὴν καρδίαν ἵνα παραδοῖ αὐτὸν Ἰούδας Σίμωνος Ἰσκαριώτου (13, 2). « Au cours d'un repas, alors que déjà le diable avait mis au cœur de Judas Iscariote, fils de Simon, le dessein de le livrer... ». Pourquoi le geste de l'amour, le geste du nouveau commandement, entre-t-il avec ce nom et ce plan en une aussi mystérieuse conjonction ? Pourquoi ce repas tourné vers l'amour est-il aussi hanté par la trahison ?

Qui est Judas dans une telle dramatique de l'amour?[1]
La réponse phénoménologiquement la plus simple doit
considérer à nouveau l'« heure ». Si l'heure est venue,
elle est liée, d'un lien énigmatique, à ce mouvement
dans le cœur de Judas. Non que Judas ait décidé de
l'heure, mais l'heure l'a choisi, lui, comme celui par
qui elle vient : lorsque l'heure est venue, le cœur de
Judas voit naître ce « dessein ». S'agit-il exactement
d'un dessein? La dimension finale indiquée dans le
texte provient du diable, de ce qu'il a « jeté » dans un
cœur quel qu'il soit, le sien ou plutôt celui de Judas[2].
Cet événement ou cette circonstance qui n'apparaît pas,
puisqu'elle a lieu dans le secret du cœur, contient
l'indication essentielle du combat qui demeure attaché
à cet amour. Le geste de l'amour aura lieu alors que le

---

1. Judas est déjà apparu en 6, 64, comme « celui qui allait le livrer »
(ὁ παραδώσων αὐτόν), puis en 6, 70-71, comme « l'un des Douze » qui
est « un diable » (καὶ ἐξ ὑμῶν εἷς διάβολός ἐστιν), et à nouveau en 12,
4-8, en tant que « celui-là même qui allait le livrer » (ὁ μέλλων αὐτὸν
παραδιδόναι) et en tant que « voleur » (κλέπτης). Il faut encore indiquer
la mention, en 17, 12, du « fils de perdition » (ὁ υἱὸς τῆς ἀπωλείας). Pour
tout cela, on se reportera au livre de Hans-Josef Klauck : *Judas, un
disciple de Jésus. Exégèse et répercussion historique*, trad. fr. J. Hoffmann,
Paris, Cerf, 2006 (p. 74 *sq.*; la version française est augmentée par rapport
à la version allemande : *Judas. Ein Jünger des Herrn*, Freiburg, Herder,
1987). Selon H.-J. Klauck, le Judas de Jean se distingue de celui des
synoptiques, qui pourrait d'abord avoir commencé par être « un disciple
du Seigneur comme les autres », et connaît par conséquent un renversement.
Dans Jean, il est depuis le commencement « celui qui allait le livrer ».
Les considérations correctrices finales de Klauck sur les prétendues
« limites » de la théologie johannique (p. 82, puis p. 100) sont, en revanche,
aveugles à l'essentiel.
2. Selon la construction, le « cœur » pourrait aussi être celui du
diable.

combat s'est ouvert contre la puissance qui a déjà jeté la pensée de trahir dans le cœur de Judas. La souveraineté du savoir de Jésus ne va pas sans garder aussi ce savoir-là par-devers soi. Non pas le garder entièrement : καὶ ὑμεῖς καθαροί ἐστε, ἀλλ'οὐχὶ πάντες. « Et vous, vous êtes purs, mais non pas tous » (13, 10). Mais il garde le nom de Judas dans le même savoir seigneurial qui sait ὅτι πάντα ἔδωκεν αὐτῷ ὁ πατὴρ εἰς τὰς χεῖρας καὶ ὅτι ἀπὸ θεοῦ ἐξῆλθεν καὶ πρὸς τὸν θεὸν ὑπάγει, « que le Père avait remis toutes choses entre ses mains et qu'il était venu de Dieu et qu'il allait vers Dieu » (13, 3). Une telle destination, un tel passage, dans Jean, sont essentiels. Ils donnent le sens de « l'heure ». L'heure du passage est l'heure de l'amour, mais la même heure est aussi l'heure du mal. La proximité de l'amour et du mal ne peut pas être dénouée, elle est absolument essentielle, elle est l'unique chemin possible. Que l'heure soit double indique qu'au même instant le mouvement est accompli en deux sens inverses : le geste de l'amour et la pensée de la trahison, où l'unité et la séparation sont unies dans le même instant, dans une tension extraordinaire. L'intensité dramatique de l'instant est redoublée par les deux pensées qui se croisent : le Seigneur servant les siens est trahi par l'un d'eux, dans le même instant fatidique, l'heure décisive. L'un répond déjà à l'autre, qui lui répond par avance. Quel geste est plus grand que l'autre ? La trahison brise-t-elle l'amour, ou celui-ci, qui la connaît depuis longtemps, l'a-t-il déjà surmontée ? La réponse johannique ne fait pas de doute : elle réaffirme la souveraineté du savoir et de l'amour du Christ. Le savoir est roi, l'amour est roi. Le mal est, lui aussi, le chemin. Tout est chemin, et le mal est, selon une telle inversion, chemin royal. Saint Augustin l'indiquait, dans le renversement de l'être-livré, dans la figure du *traditor traditus* : *Proinde iam traditor traditus erat ei quem tradere cupiebat, atque ita malum tradendo faciebat ut de illo tradito bonum fieret quod nesciebat*[1].

Pourtant, rien n'est plus dur que le destin de celui en qui un tel dessein est né, une telle réponse à l'amour. Non pas seulement son geste, mais son destin lui même dans la suite du récit johannique doivent rester un mystère. À présent, il sort dans la nuit. Saint Augustin, qui a vu selon l'intensité habituelle de son regard, commente : *Erat autem nox. Et ipse qui exiuit erat nox.* « C'était la nuit. Et celui qui sortit lui aussi était nuit »[2]. Judas est-il abandonné à la nuit, Judas était-il, pour toujours, nuit ? À la fin Judas conduira la cohorte romaine dans le jardin. Son nom portera l'accomplissement de l'heure. Jean insistera étrangement sur ce nom propre : ὁ οὖν Ἰούδας λαβὼν τὴν σπεῖραν, « Judas, donc, ayant pris la cohorte... » (18, 3), εἱστήκει δὲ καὶ Ἰούδας ὁ παραδιδοὺς αὐτὸν μετ'αὐτῶν. « Judas, qui le livrait, se tenait là, lui aussi, avec eux » (18, 5). Dans Jean, Judas, au-delà de cet instant qui est instant d'accomplissement,

---

1. « Ainsi celui qui le livrait avait-il déjà été livré à celui qu'il désirait livrer et, en le livrant, il faisait un mal tel que, de celui qui était livré, adviendrait un bien qu'il ne savait pas ». *Œuvres de saint Augustin*, « Bibliothèque augustinienne », *In Iohannis Evangelium Tractatus LV*, 5, t. 74A, *op. cit.*, p. 68.

2. *Tractatus LXII*, 6, *op. cit.*, t. 74A, p. 164.

disparaîtra [1]. La figure énigmatique de Judas doit porter, en son geste de trahison, l'accomplissement de l'heure, c'est-à-dire, dans le mystère du mal, et seulement là, l'accomplissement de l'amour. Celui-ci a le mal pour unique chemin, le mal le plus proche de lui, celui qui est négation de l'amour. Mais une telle négation est justement le seul chemin de l'amour. Judas est la figure, qu'il faut dire absolument dialectique, de la négativité en laquelle l'amour s'accomplit sur le chemin d'une négation qui est la sienne propre, ce chemin, le plus difficile, *et aucun autre*. Cette proximité de Judas avec l'amour, que les évangiles synoptiques décrivent à travers le baiser qu'il donne à Jésus [2], et celui de Jean à travers la bouchée que Jésus lui donne [3], est la marque indiquant l'essence de cette sorte-là d'amour. Il est l'amour du Seigneur qui, en tant que Seigneur, répond par avance, à partir de son savoir souverain, au mal qui lui sera fait. L'extrême intensité dialectique de « l'heure » se laisse ici apercevoir : l'amour répond en cet instant au monde qui le trahit et le fait mourir. Le monde est le domaine de l'amour, cela veut dire : il est celui où « l'heure » advient, à travers qui elle advient, même si ce qui a lieu dans le monde et à travers lui ne lui appartient pas. Tout le récit de Jean se concentre dans cette intimité du mal et de l'amour, que « l'heure » recueille. Le monde va contre l'amour, mais il est aussi le chemin par lequel

---

1. Seul Matthieu le fera mourir (27, 3-10), ainsi que, dans une version différente, *Les Actes des apôtres* (1, 18-19).
2. Mt, 26, 48 ; Mc, 14, 45 ; Lc, 22, 47.
3. Jn 13, 26.

l'amour advient. Il est le chemin de trahison et de
négation. Judas a reçu le terrible privilège de lui donner
son nom propre. Il fut le plus proche de l'amour, lui qui
porta le mal. Car aucun ne fit autant que lui pour
l'accomplissement de l'amour. Telle est l'extraordinaire
constitution dialectique du récit de Jean, qui s'ouvre,
alors, sur un abîme. Judas est celui par qui l'amour
s'accomplit. Une fois son œuvre accomplie, à l'instant
décisif, Judas disparaît dans la Passion et l'amour. Ce
qu'il advient de lui, qui était nuit, nous ne le saurons
pas. Judas aura-t-il été enlevé à la nuit dans laquelle il
est entré ? C'est là, selon la dureté que nous indiquions,
l'un des mystères les plus troublants de l'évangile de
Jean. Judas s'estompe, disparaissant, livré depuis le
commencement à celui qu'il devait livrer, *traditor
traditus*. Avec cette disparition, la question johannique
de Judas reste entièrement ouverte. Il ne faut pas la
refermer. Elle n'est peut-être pas une question humaine.

Alors Jésus entre dans l'adieu. Celui-ci, à la fin du
chapitre 13, apparaîtra, avec clarté, en tant que séparation
pure. Avec elle se présente aussi la question de ce qui
est laissé, autrement dit le « nouveau commandement »,
qui recueillera le geste qui vient d'être accompli. Mais
il faut prendre garde ici d'abord aux descriptions, qui
vont faire apparaître un lieu et un chemin. L'heure est
venue, elle est devenue le « maintenant ». Qu'un tel
« maintenant » soit celui de la manifestation, et que la
manifestation commence « maintenant », le texte de
Jean le dit dans un cercle qui doit décisivement en ouvrir
le drame : νῦν ἐδοξάσθη ὁ υἱὸς τοῦ ἀνθρώπου, καὶ ὁ

θεὸς ἐδοξάσθη ἐν αὐτῷ· [εἰ ὁ θεὸς ἐδοξάσθη ἐν αὐτῷ], καὶ ὁ θεὸς δοξάσει αὐτὸν ἐν αὐτῷ, καὶ εὐθὺς δοξάσει αὐτόν. « Maintenant le Fils de l'homme a été glorifié, et Dieu a été glorifié en lui. Si Dieu a été glorifié en lui, Dieu aussi le glorifiera en lui-même, et aussitôt il le glorifiera » (13, 31-32). Le cercle est celui du Père et du Fils, que nous vîmes déjà s'ouvrir selon la logique du témoignage : que l'un soit glorifié, alors l'autre l'est, le Père dans le Fils, le Fils par le Père. Mais la manifestation ne commence pas seulement : elle a eu lieu, et elle est à venir, imminente. Déjà – et bientôt : passée – et future. L'événement de la manifestation est l'accomplissement essentiel du temps, dont toutes les dimensions se rejoignent, se rassemblent dans le νῦν, le « maintenant ». Le Maintenant de la gloire recueille en lui tout le temps, chaque jour, toute l'histoire : tel est le sens de « l'heure » johannique. L'adieu dans lequel Jésus est entré est celui où l'heure s'accomplit, autrement dit : où tout le temps, c'est-à-dire chaque instant, vient à son accomplissement. L'heure est celle du départ, mais, comme il faut à présent y être attentif, du départ pour un lieu qui ne peut être atteint par d'autres, où nul ne peut suivre Jésus. Le seul départ vrai, le départ absolu, est celui-là, unique, où personne ne peut suivre celui qui s'en va. Quel est ce lieu ? Ce lieu est-il celui que chacun n'atteindra jamais que seul, où personne jamais ne le suivra, le lieu de la mort ? Ou : est-il le lieu que *seul Jésus* a jamais, aura jamais atteint ? Regardons comment Jésus lui-même le décrit pour ses plus proches, ceux qu'il appelle, d'un nom qui dit ceux qu'ils sont essentiellement, τεκνία,

« petits enfants », dont il se sépare, mais qu'il n'abandonnera pas. C'est pourtant lorsqu'il annonce la séparation, et la solitude qui s'ouvre par là, qu'il indique, de ce seul nom, la famille qui est la sienne, et qu'il doit laisser. L'évangile s'était pourtant ouvert sur l'avènement de cette famille, l'adoption dans cette famille : ὅσοι δὲ ἔλαβον αὐτόν, ἔδωκεν αὐτοῖς ἐξουσίαν τέκνα θεοῦ γενέσθαι, τοῖς πιστεύουσιν εἰς τὸ ὄνομα αὐτοῦ. « À ceux qui l'ont accueilli il a donné pouvoir de devenir enfants de Dieu, à ceux qui croient en son nom » (1, 12). Les « petits enfants » sont-ils déjà les « enfants » ? Non. À tout le moins se tiennent-ils déjà avec lui dans une proximité essentielle. Celle-ci pourtant ne leur donne pas « tout pouvoir » de le suivre. Une telle « autorité », ἐξουσία, qui est dans l'évangile reconnue à Jésus – « l'heure » venue, ils ne l'ont pas de le suivre, d'entrer eux-mêmes dans cette heure, et ils ne l'eurent jamais. Les « petits enfants » sont essentiellement sans ressource et sans pouvoir devant le départ de celui qu'ils aiment. Ils ne peuvent rien vers lui, ne peuvent rien pour lui. Ils sont comme les Juifs, eux qui, pourtant, Juifs parmi les Juifs, l'ont « accueilli ». Les « petits enfants » sont ceux qu'il doit laisser et qui doivent, eux, le laisser partir : τεκνία, ἔτι μικρὸν μεθ' ὑμῶν εἰμι ζητήσετέ με, καὶ καθὼς εἶπον τοῖς Ἰουδαίοις ὅτι ὅπου ἐγὼ ὑπάγω ὑμεῖς οὐ δύνασθε ἐλθεῖν, καὶ ὑμῖν λέγω ἄρτι. « Petits enfants, je suis avec vous pour peu de temps ; vous me chercherez, et, comme je l'ai dit aux Juifs, là où je vais, vous ne pouvez venir, à vous aussi je le dis à présent » (13, 33). Où va-t-il cependant ? Il indique la séparation dans laquelle lui-même entre, puisque ceux qui le chercheront ne le trouveront plus. « Vous me chercherez » : vous vous tiendrez, à partir de « maintenant », dans cette absence. Qu'il s'agisse bien de la mort, de la sienne, qui est unique en un sens qui n'est pas le même que celui en lequel la mort de chacun est unique, et que personne ne puisse le suivre dans la mort, c'est bien ce qui trouvera plus loin confirmation, lorsque la mort pourtant deviendra justement, dans un renversement essentiel, le chemin qui peut être suivi. Λέγει αὐτῷ Σίμων Πέτρος· κύριε, ποῦ ὑπάγεις; ἀπεκρίθη [αὐτῷ] Ἰησοῦς· ὅπου ὑπάγω οὐ δύνασαί μοι νῦν ἀκολουθῆσαι, ἀκολουθήσεις δὲ ὕστερον. « Simon Pierre lui dit : "Seigneur, où vas-tu ?" Jésus lui répondit : "Où je vais, tu ne peux pas me suivre maintenant, tu me suivras plus tard" » (13, 36). « Maintenant », la mort de Jésus est l'événement unique, unique entre toutes les morts, en lequel aucun autre que lui-même ne peut entrer, et qu'aucun ne peut porter avec lui. En vérité, cette mort doit porter la dimension du « Maintenant » tout entière, elle donne son sens au νῦν. Elle n'est pas seulement unique comme l'est la mort de chacun. Au contraire, la mort unique du Christ ouvre pour la première fois pour chacun la mort comme chemin où il sera possible de le suivre. Non seulement la mort mais la vie : cette mort unique doit ouvrir la possibilité de la vie, la possibilité de « suivre » le Christ dans la vie sur un chemin qui ne prendrait pas fin avec la mort. La séparation pure de la mort qui donne le sens de « l'heure » est le chemin unique à partir duquel s'ouvrira tout chemin. Autrement dit, cette mort doit renverser le sens de toute mort, de la mort pour chacun. « Maintenant » tu ne peux pas me suivre, mais, lorsque le « Maintenant » sera entièrement advenu, entièrement accompli, tu pourras pour la première fois me suivre, quand personne avant le « Maintenant » n'a jamais suivi un autre homme dans la mort, car jamais la mort ne fut un chemin. Qu'une telle possibilité ne soit pas encore ouverte à ceux qui pourtant paraissent bien le suivre, ils ne le savent pas encore, et il n'y va pas de leur volonté : aucun n'a « pouvoir » sur l'heure, tous se tiennent au contraire dans le pouvoir de l'heure elle-même, comme Judas le fut dès le commencement de l'heure (ὃ ποιεῖς ποίησον τάχιον. « Ce que tu fais, fais-le vite », 13, 27). La remarque de Pierre, qui se tient prêt à donner sa vie, et la réponse de Jésus, qui lui dit que, le voulût-il, il n'en a déjà plus le pouvoir, l'attestent : λέγει αὐτῷ ὁ Πέτρος· κύριε, διὰ τί οὐ δύναμαί σοι ἀκολουθῆσαι ἄρτι; τὴν ψυχήν μου ὑπὲρ σοῦ θήσω. ἀποκρίνεται Ἰησοῦς· τὴν ψυχήν σου ὑπὲρ ἐμοῦ θήσεις; ἀμὴν ἀμὴν λέγω σοι, οὐ μὴ ἀλέκτωρ φωνήσῃ ἕως οὗ ἀρνήσῃ με τρίς. « Pierre lui dit : "Seigneur, pourquoi ne puis-je te suivre à présent? Je déposerai ma vie pour toi". Jésus répond : "Tu déposeras ta vie pour moi? En vérité, en vérité, je te le dis, le coq ne chantera pas que tu ne m'aies renié trois fois" » (13, 37-38). Une telle négation de Pierre appartient pleinement à la manifestation. Elle se tient elle aussi sous la négation de la lumière, le refus de la lumière, même chez celui qui l'a suivie et qui la suivra, chez celui qui l'accomplira, accomplira la gloire (ἀκολουθήσεις δὲ ὕστερον, « tu me suivras plus tard », 13, 36). Elle scelle et porte la solitude de l'heure qui a commencé, la solitude de la dernière heure.

À l'heure dernière, les disciples qui ne peuvent le suivre sur le chemin de l'heure sont troublés par le départ de Jésus. Μὴ ταρασσέσθω ὑμῶν ἡ καρδία. « Que votre cœur cesse de se troubler ! » (14, 1). Un tel trouble concerne le sens même de l'heure et de la manifestation. Une question, posée plus loin, précisera leur incompréhension. Elle sera portée au grand jour par l'autre Judas en 14, 22 : κύριε, [καὶ] τί γέγονεν ὅτι ἡμῖν μέλλεις ἐμφανίζειν σεαυτὸν καὶ οὐχὶ τῷ κόσμῳ ; « Seigneur, comment se fait-il que tu doives te manifester à nous et non pas au monde ? » Mais de quelle manifestation s'agit-il dans la question elle-même ? De la manifestation, à venir, de l'amour, que Jésus vient d'évoquer : ὁ ἔχων τὰς ἐντολάς μου καὶ τηρῶν αὐτὰς ἐκεῖνός ἐστιν ὁ ἀγαπῶν με· ὁ δὲ ἀγαπῶν με ἀγαπηθήσεται ὑπὸ τοῦ πατρός μου, κἀγὼ ἀγαπήσω αὐτὸν καὶ ἐμφανίσω αὐτῷ ἐμαυτόν (14, 21). « Celui qui a mes commandements et qui les garde, c'est celui-là qui m'aime ; or celui qui m'aime sera aimé de mon Père ; et je l'aimerai et je me manifesterai à lui ». L'amour par le Fils va au Père et par le Fils, dans sa manifestation, revient du Père à celui qui aime : la manifestation est la manifestation de l'amour, la manifestation qui est elle-même, en tant que manifestation, amour. L'amour, l'observation de l'unique commandement, n'est pas seulement la condition de la manifestation, il en est la source, elle est, par conséquent, son déploiement. Le cercle de l'amour, des disciples au Christ, du Père aux disciples et du Fils aux disciples,

est le cercle de la manifestation : le Fils se manifeste,
est venu, envoyé par le Père, les disciples le suivent, et
le Fils, selon l'amour du Père, ne les abandonnera pas,
mais se manifestera à eux. Mais quand ? Quand
viendra-t-il ? Quelle est cette promesse ? πάλιν ἔρχομαι
καὶ παραλήμψομαι ὑμᾶς πρὸς ἐμαυτόν. « À nouveau je
viendrai et je vous prendrai près de moi » (14, 3). Οὐκ
ἀφήσω ὑμᾶς ὀρφανούς, ἔρχομαι πρὸς ὑμᾶς. « Je ne vous
laisserai pas orphelins, je viendrai vers vous » (14, 18).
ἐάν τις ἀγαπᾷ με τὸν λόγον μου τηρήσει, καὶ ὁ πατήρ
μου ἀγαπήσει αὐτόν, καὶ πρὸς αὐτὸν ἐλευσόμεθα καὶ
μονὴν παρ' αὐτῷ ποιησόμεθα (14, 23). « Si quelqu'un
m'aime, il gardera ma parole, et mon Père l'aimera, et
nous viendrons vers lui et nous nous ferons une demeure
chez lui ». ὑπάγω καὶ ἔρχομαι πρὸς ὑμᾶς (14, 28). « Je
m'en vais et je viendrai vers vous ». Quatre fois dans
le chapitre 14 Jésus annonce qu'il « viendra », ou qu'il
« viendra à nouveau ». L'heure dernière est l'heure de
la promesse d'une telle venue. Est-ce à chaque fois la
même venue ? Du moins sera-t-il possible de distinguer
deux descriptions. Il y a la promesse de l'esprit. En 14,
18, en 14, 23, la promesse est celle du défenseur, de
l'Esprit de vérité qui restera, « à jamais » (εἰς τὸν αἰῶνα,
14, 16). En 14, 2, la promesse est différente, elle est
celle du retour du Christ. « Je viens à nouveau » ou « je
viendrai à nouveau », qui fut diversement compris [1],
indique pourtant, d'une façon ou d'une autre, et comme
la promesse de l'esprit elle-même, que les disciples ne

1. R. Schnackenburg, *Das Johannesevangelium*, *op. cit.*, III. Teil,
p. 70 ; R. Bultmann, *Das Evangelium des Johannes*, *op. cit.*, p. 465, n. 1 ;
J. Zumstein, *L'Évangile selon saint Jean*, *op. cit.*, t. II, p. 60, n. 18.

seront pas laissés seuls. À l'heure du départ, la promesse de l'envoi de l'esprit est la promesse d'un rester, et la promesse du retour elle aussi est la promesse que le départ ne sera pas pour toujours. *Le disciple ne sera jamais laissé seul.* Esprit ou retour, la promesse est la promesse d'une manifestation qui ne prend pas fin avec l'heure, et qui ne finira pas, εἰς τὸν αἰῶνα. L'heure n'est pas seulement l'heure de l'accomplissement de la manifestation. Elle est l'heure qui annonce que la manifestation n'aura jamais de fin. Cette manifestation qui demeure est πνεῦμα. Mais elle est aussi le retour du Fils, selon le double accomplissement que laisse apparaître Jean. Au chapitre 16 à nouveau Jésus expliquera aux disciples l'accomplissement spirituel que porte en lui-même son départ (ἐὰν γὰρ μὴ ἀπέλθω, ὁ παράκλητος οὐκ ἐλεύσεται πρὸς ὑμᾶς· ἐὰν δὲ πορευθῶ, πέμψω αὐτὸν πρὸς ὑμᾶς. « Car si je ne pars pas, le défenseur ne viendra pas à vous ; mais si je pars, je vous l'enverrai », 16, 7), avant de renouveler énigmatiquement la promesse de son retour : Μικρὸν καὶ οὐκέτι θεωρεῖτέ με, καὶ πάλιν μικρὸν καὶ ὄψεσθέ με. « Encore un peu et vous ne me verrez plus, et, à nouveau, encore un peu et vous me verrez » (16, 16). La manifestation, qu'elle soit celle de l'esprit ou qu'elle prenne le sens du retour du Christ, doit prendre le chemin de son départ, de son absence. Or l'heure du départ est venue. Cette heure, Jésus la comparera à l'heure pour une femme de son accouchement : ἡ γυνὴ ὅταν τίκτῃ λύπην ἔχει, ὅτι ἦλθεν ἡ ὥρα αὐτῆς. « La femme, sur le point d'accoucher, s'attriste, parce que son heure est venue » (16, 21). Mais l'heure de tristesse est l'heure de la métamorphose, l'heure d'une venue, de la joie d'une venue : διὰ τὴν χαρὰν ὅτι ἐγεννήθη ἄνθρωπος εἰς τὸν κόσμον, « … dans la joie qu'un homme soit venu au monde » (16, 21). Le départ est une venue, l'absence est l'avènement d'une nouvelle présence. Tel est le sens de l'heure, son ambivalence extrême, où la tristesse est le chemin obscur de la joie, d'une sorte de joie que « personne ne vous enlèvera », parce que le retour ne sera plus suivi d'aucun départ (πάλιν δὲ ὄψομαι ὑμᾶς, καὶ χαρήσεται ὑμῶν ἡ καρδία, καὶ τὴν χαρὰν ὑμῶν οὐδεὶς αἴρει ἀφ' ὑμῶν. « Je vous reverrai, et votre cœur se réjouira, et votre joie personne ne vous l'enlèvera », 16, 22).

L'heure est venue.

Cachée en elle, qui est l'heure de la mort, l'heure mystérieuse, une autre, selon Jean, s'approche, l'heure qui n'est plus une heure, l'heure qui recueillera en elle toutes les heures, l'heure où « je vous prendrai près de moi » : παραλήμψομαι ὑμᾶς πρὸς ἐμαυτόν (14, 3).

TABLE DES MATIÈRES

Achevé d'imprimer en novembre 2021
sur les presses de
La Manufacture - Imprimeur – 52200 Langres
Tél. : (33) 325 845 892

N° imprimeur : 211198 - Dépôt légal : décembre 2021
Imprimé en France